CW00373705

Straeon yr Aelwyd

Irma Chilton

Gwasg Gomer
1989

Argraffiad cyntaf—1989

ISBN 0 86383 598 8

Dymuna'r cyhoeddwyr gydnabod cymorth a chyfarwyddyd Adrannau'r Cyngor
Llyfrau Cymraeg a noddir gan Gyngor Celfyddydau Cymru.

Argraffwyd gan
J. D. Lewis a'i Feibion Cyf., Gwasg Gomer, Llandysul, Dyfed

I Mirain a Branwen, fy nwy wyres fach

Cynnwys

Rhagair

Nid straeon gwreiddiol a geir yn y gyfrol hon, straeon yn perthyn i ardal a chyfnod ydyn nhw, yn hytrach nag i mi, fel unigolyn. Mae naws y stori werin neu'r stori ysbryd ar y mwyafrif, a fyddwn i ddim yn honni bod yr un ohonyn nhw'n llythrennol wir nac yn amau nad oes straeon tebyg yn bodoli mewn ardaloedd eraill. Ond gartre, ar aelwyd fy mam-gu, y clywais i nhw gyntaf a chof plentyn a fu'n eistedd ar stôl wrth ymyl y pentan yn y gegin fach yn glustiau i gyd sy gen i i dynnu arno wrth eu hailadrodd.

Ambell waith byddai Mam-gu'n adrodd stori tra oeddwn i'n ei gwylio'n tylino toes at wneud bara, ond yn amlach clywn y straeon fin nos, pan fyddai brodyr fy nhad yn galw heibio ac yn tynnu'u cadeiriau at y tân i roi'r byd yn ei le wrth ymlacio. Byddai'r clecs lleol yn ildio'r maes i stori, ac un stori yn galw am un arall . . . Ac roedd camp ar y dweud; y brawddegau coeth, y saib gyfrwys a'r manylu pendant. Oherwydd nid straeon i'm difyrru i oedd y rhain. Ni fwriadwyd iddyn nhw fod yn straeon i blant yn unig; straeon oedden nhw y gallai pawb o bob oed eu mwynhau ac roedd yn rhaid iddyn nhw argyhoeddi. Hyd heddiw mae oglau melys baco Erinmore ac oglau chwerwach mwg yn troi yn y simne yn tynnu eco'r lleisiau cyfarwydd i 'nghlust i fywiogi'r darluniau sy wedi'u serio ar fy nychymyg. Mewn cyfnod prin ei freintiau materol, roedd adrodd stori yn gyfrwng rhad a difyr o fwrw awr fach.

Mae'r dyddiau hynny wedi mynd ac nid colled i gyd yw hynny. Mae'r teledu erbyn hyn yn gyfrwng difyrrwch penigamp i bob oed. Ei fai yw creu unffurfiaeth a phawb o Fôn i Fynwy'n cyfrannu o'r union ddifyrrwch wedi'i gyflwyno yn yr union fodd, er mae'n rhaid cyfadde fod hwnnw'n fachog ac effeithiol; yn llawer mwy effeithiol na hen wraig yn adrodd stori a glywodd hi pan oedd hi'n blentyn. Er hynny, fe fydda i'n mentro adrodd y straeon hyn wrth fy wyresau bach ac yn gobeithio, ar fy nghalon, y bydd y gyfrol yn gyfrwng i lacio tafodau ambell nain a mam-gu arall yn ein plith, a'u symbylu i adrodd eu straeon nhw wrth blant eu plant; er mwyn amrywiaeth; er mwyn estyn ymdeimlad o'i arbenigrwydd ei hun i'r plentyn; er mwyn ehangu'i brofiad a dysgu rhywbeth iddo am arferion oes a fu; er mwyn cryfhau'r cyswllt rhwng un genhedlaeth a'r llall gan bontio'r 'bwlch cenhedlaeth' bondigrybwyll trwy rannu ymwybyddiaeth o berthyn i deulu, i dylwyth ac i ardal arbennig. Yn bennaf oll, efallai, er mwyn cydfwynhau straeon eu pobl nhw'u hunain.

Irma Chilton

Priodas Ifan, Mab y Gof

Blynyddoedd maith yn ôl, cyn i Mam-gu gael ei geni a phan oedd pawb yn y pentre yn 'nabod ei gilydd a llawer ohonyn nhw'n perthyn i'w gilydd, ganwyd dau fachgen bach ar yr un diwrnod, yn wir, o fewn awr i'w gilydd. Ail fab Morgan y gof oedd un, a rhoddwyd yr enw Ifan arno ar ôl ei dad-cu ar ochr ei dad; a mab cynta fferm Pant-yblodau oedd y llall ac fe enwyd e'n Daniel ar ôl ei dad-cu ar ochr ei fam.

Tyfodd y ddau'n blant cryf a nobl, a fu yna erioed yn unman y fath ffrindiau mynwesol. Roedd rhannu pen-blwydd fel petai wedi bathu dolen gyswllt rhyngddyn nhw oedd mor gryf â'r cadwynau a luniai Morgan yn yr efail. Ble bynnag y gwelech chi Ifan, byddai Daniel yn dynn wrth ei gwt e, a phe baech yn digwydd taro ar Daniel gynta, fe allech fod yn siŵr nad oedd Ifan ymhellach na cham neu ddau ar ei ôl. Pan fyddai angen cosbi am ryw ddrygioni, fel sy'n digwydd gyda'r gorau o blant bob yn hyn a hyn, fe ddysgodd eu rhieni ei bod yn fwy cyfiawn cosbi'r ddau achos doedd dim modd cael hyd i p'run ohonyn nhw oedd yn euog. O'r crud bron, rhanasant bob dim a gwneud popeth gyda'i gilydd. Doedden nhw ddim fel plant eraill yn ffraeo ac yn cymodi bob yn ail, a chlywodd neb yr un ohonyn nhw'n grwgnach ar y llall erioed.

Yn llawnder yr amser, a'r ddau wedi tyfu'n llafnau cydnerth, fe syrthiodd y ddau dros eu pennau a'u clustiau mewn cariad â'r un ferch, Modlen, trydedd ferch y Person.

Roedd gan y Person yn y dyddiau pell hynny lond tŷ o blant, pum mab a phedair merch, ac roedd hi'n ddigon anodd iddo fe a'i wraig gael deupen y llinyn ynghyd rhwng bwydo a gwisgo'r teulu'n weddol deilwng a sicrhau tipyn o addysg i'r meibion. Doedd dim golwg cael gŵr ar y ddwy ferch hyna gan fod eu bryd nhw ar fod yn saint. Treuliasant eu dyddiau'n gwneud gweithredoedd da, gan helpu'r tad gyda gwaith y plwy—heblaw am ychydig bach o hela yn y gaeaf i gadw'n iach ac ystwytho'r cymalau. Ac ystyried hynny i gyd, fe fyddai'r Person wedi croesawu cynnig am law Modlen gan y naill lanc neu'r llall. Welai e ddim i'w ddewis rhyngddyn nhw. Roedd y ddau'n iach a chryf, Ifan â'i wallt du cyrliog a'i lygaid tywyll yn disgleirio gan ddireidi, a Daniel â'i wallt gwinau esmwyth a'i lygaid glas breuddwydiol yn llawn tynerwch a swyn. Ac roedd y ddau'n perthyn i deuluoedd parchus a fynychai'r eglwys yn gyson, a dalai'r degwm yn rheolaidd, a byw'n syber. Doedd y Person ddim yn brin o sylwi fod cig ar y ford yn yr efail ac ym Mhantyblodau'n amlach nag yn y Persondy, a doedd rheidiau bywyd nac ambell amheuthun chwaith yn brin yn yr un o'r ddau le. Fe fyddai Modlen ar ben ei digon gydag unrhyw un o'r ddau.

Roedd yn hysbys i bawb hefyd fod tir Pantyblodau gyda'r mwya ffrwythlon yn yr ardal a chan mai tair chwaer oedd gan Daniel, y tebyg oedd y byddai e'n etifeddu'r cwbl ryw ddiwrnod heblaw am fymryn bach o waddol i'r merched. Ar yr un pryd, efail Morgan a'i feibion oedd yr unig un am filltiroedd lawer, a chan fod enw da iddyn nhw fel gweithwyr diwyd a gonest fe ddôi'r ffermwyr i gyd, ac ambell sgweier hefyd, â'u busnes yno. Honnai rhai fod gyda Morgan gymaint o gelc â gŵr bonheddig a byddai rhan sylweddol, falle'r cyfan ohono, yn eiddo i Ifan ryw ddydd gan mai gwantan iawn oedd iechyd Lefi, ei frawd hyna, a si bod y dicléin wedi gafael ynddo.

Allai'r Person ddim yn gydwybodol roi ei bwysau y tu ôl i gais y naill na'r llall ac fe roddodd rydd hewl i Modlen ddewis drosti hi'i hun, ond roedd hithau hefyd fel petai hi'n cael anhawster i ddewis rhyngddyn nhw. Un nos Sul byddai'n gwenu ar Ifan ar draws cangell yr eglwys a'i hwyneb dan gantel ei bonet yn groeso i gyd, a'r prynhawn Llun union ar ôl hynny byddai'n oedi wrth sticil Ffynnon Let yn aros am gwmni Daniel pan ddôi heibio ar ei ffordd adre o'r Cae Ucha.

Aeth pethau 'mlaen felly dros y Nadolig ac i'r flwyddyn newydd, drwy'r gwanwyn a'r haf a neb yn gallu barnu p'run oedd y ffefryn, ond yn cadw golwg graff am unrhyw arwydd ar yr un pryd.

Fis Hydref, roedd hi'n ffair Gŵyr, ffair fwya y flwyddyn a lle da i fachu cariad. Aeth Modlen yno ym mrêc ei thad gydag un o'i brodyr yn gyrru. Roedd Daniel ac Ifan, y ddau fel ei gilydd, yn iard tafarn y Gloch i'w helpu i ddisgyn . . . ac roedd yn hwyr pan ddychwelodd adre, o flaen Daniel, ar gaseg froc Pantyblodau. Roedd hynny'n ddigon gan bawb. Gwnaeth Modlen ei dewis.

Roedd mwy nag un wedi synio y byddai Ifan yn digio ac yn cadw draw o gwmni'r cariadon, ond wnaeth e ddim. Falle'i fod e i'w weld yn amlach yn y dafarn na chynt a'i droed yn llai sicr ei cham wrth iddo droi sha thre, ond cyfarchai Daniel a Modlen yn gynnes pan ddigwyddai daro arnyn nhw ar wahân neu yng nghwmni'i gilydd. Ac roedd ei sgwrs mor ddifyr a hwyliog ag erioed. Barnai pawb ei fod wedi cymryd ei siom fel dyn o ruddin ac roedden nhw'n ei ganmol am hynny.

Nodai ambell un, mwy sylwgar na'r gweddill, nad oedd ei lygaid lawn mor ddisglair â chynt a'u bod wedi caledu fel dŵr wedi rhewi, a sylwodd sawl un ei fod yn taro'r eingion yn yr efail gydag ergyd drymach na'i arfer, fel petai'n benderfynol o'i thorri yn ei hanner. Ond soniodd neb am y peth. Doedd e ddim yn bwysig.

Yn y cyfamser, roedd Daniel wedi bod yn y Persondy am ei swper, a hynny'n dangos ei fod e wedi'i dderbyn yn swyddogol fel darpar fab-yng-nghyfraith gan y Person ac roedd y trefniadau at y briodas yn mynd rhag blaen. Chwiorydd y briodferch oedd i wasanaethu fel morynion iddi ar y diwrnod pwysig a gofynnwyd i Ifan fod yn was priodas. Derbyniodd gyda'i hynawsedd arferol a theimlai pawb yn fodlon. Penodwyd y dyddiad ac roedd y gostegion i'w galw toc wedi'r Pasg.

Roedd y pentre'n llawn cynnwrf disgwylgar oherwydd y dyddiau hynny fe fyddai pawb yn cael eu gwahodd i'r neithior, ac roedd yna ddisgwyl am ddathlu hael o gofio mor llewyrchus oedd fferm Pantyblodau ac mor bob-logaidd oedd Modlen.

Ar fore'r Sul pryd y bwriadwyd galw'r gostegion am y tro cynta, ddaeth Daniel ddim at y ford i gael ei frecwast. Allai'i fam ddim deall beth a'i cadwai draw. Fe fu yn y Persondy am ei swper y noson cynt a chlywodd hi mohono'n cyrraedd adre, ond twt, roedd yn anodd gan gariadon 'madael â'i gilydd ac roedden nhw'n priodi ymhen y mis, on'd doedden? Aeth allan i'r sgubor i chwilio amdano. Doedd e ddim yno ac roedd y da wedi'u gyrru i'r cae. Aeth at fwlch y clos a chraffu dros y caeau. Gwelai'r da ar y Cae Pella a'i gŵr gyda nhw ond welai hi mo Daniel. Teimlai'n ddig wrth y llanc am ei chadw hi'n

14

aros a hithau am sbriwsio'i hun at fynd i'r eglwys ar y bore arbennig hwn.

'Mae e'n ddihidans ofnadw,' achwynodd wrth Elan, y ferch hyna, 'dyw e ddim yn meddwl y bydd llygaid pawb arnon ni heddi . . .'

Cyn iddi hi orffen, clywsant sŵn traed yn rhedeg ar draws yr iard a ffrwydrodd y tad i mewn drwy ddrws y gegin a'i wyneb fel y galchen. Siaradai'n wyllt a doedd dim modd deall beth yr oedd yn ymdrechu i'w ddweud am dipyn. Ar ôl dracht o de cryf a melys gyda diferyn hael o frandi ynddo, tawelodd ddigon i adrodd yr hanes.

Gan nad oedd Daniel wedi codi, aeth e gyda Ben y ci i droi'r da ma's, a chan ei fod e yn ymyl aeth draw at y tir comin i daro llygad ar y defaid gan ei bod hi bron yn amser iddyn nhw ddod â'u hŵyn. Wrth fynd heibio ar hyd y llwybr o'r Cae Pella, dihangodd Ben a mynd i snwffian o dan y berth a phallu dod o 'na ar yr alwad. Er i'w feistr alw eto a galw'n daer, wnâi'r ci ddim symud, dim ond udo'n oerllyd. Yn ddigon diamynedd aeth Tomos, Pantyblodau i'w nôl gan addo cic yn ei ben-ôl i'r creadur styfnig, ond pan gyrhaeddodd, newidiodd ei feddwl. Roedd Ben yn crafu yn y ffos lle'r oedd braich dyn eisoes yn y golwg. Adnabu'r tad y siaced. Yn wyllt, ymunodd â'r ci i dyrchu a dadorchuddio gweddill y corff. Pan ddaeth pen Daniel i'r golwg, wedi'i hollti at y 'mennydd a'i lygaid fel cerrig gleision yn rhythu ar ddim byd, dychrynodd drwy'i galon a rhedeg am adre . . .

Fu erioed ffasiwn helynt yn y pentre. Chofiai neb y fath drychineb yn digwydd o'r blaen. Amheuwyd sawl un o ladd y bachgen ond ddaeth dim o'r amheuon. Claddwyd y corff dan yr ywen fawr a daflai'i chysgod dros gât yr eglwys.

Amheuwyd mo Ifan o ladd ei ffrind. Roedd e wedi bod yn ei wely dan dwymyn gas am dridiau cyn y llofruddiaeth ac yno y bu am dridiau wedyn hefyd. A phan gododd a mynd o gwmpas eto, roedd yn amlwg i'r anfadwaith effeithio'n drwm arno. Roedd wedi colli pwysau ac âi o gwmpas ei waith ac o gwmpas y pentre yn sgerbwd o'r dyn a fu.

Am fisoedd lawer, welwyd mo Modlen yn yr eglwys nac yn y pentre. Roedd ei hiraeth yn ei llethu ac am gyfnod ofnai'i mam am ei phwyll. Roedd yn amser o dristwch a phryder.

Ond roedd yn ifanc ac mae'r ifainc yn gwella'n rhyfeddol o'r clwyfau mwya dwfn, ac ymhen hir a hwyr fe ddaeth Modlen ati ei hun a chymryd ei lle priodol yng ngweith-gareddau'r pentre eto, a beth oedd yn fwy naturiol nag i Ifan a hithau gysuro'i gilydd? Roedd y ddau wedi diodde colled ofnadwy, ef wedi colli ei ffrind gorau a hithau wedi colli'i chariad. Fis Hydref, ddwy flynedd a hanner wedi llofruddiaeth Daniel, trefnwyd priodas rhwng Modlen ac Ifan.

Roedd yna rywfaint o bryder wrth i'r diwrnod mawr ddod yn nes a phawb yn cofio am lofruddiaeth Daniel, ond neb yn sôn amdano, ddim ar goedd ta p'un. Na, ddim hyd yn oed teulu Daniel, er fod ei fam yn barnu Modlen yn dawel fach am anghofio'i mab mor glou. Bydd mamau yn meddwl fod y byd yn troi o gwmpas eu plant, yn enwedig plant sy'n digwydd bod yn unig feibion. Ond aeth y trefniadau yn eu blaen yn hwylus.

Gwawriodd y diwrnod mawr a chyfnewidiodd y pâr ifanc eu llwon o flaen yr allor yn yr eglwys ac yng ngŵydd y pentrefwyr i gyd. Sylwodd y sawl oedd agosa at yr ale fod Modlen yn ymddangos yn welw iawn, ond roedd 'na ganmol ar ei gwisg—siwt fach chwaethus o'r un lliw llwyd â bron colomen, a het o'r gwellt meinaf a rhosyn llwyd y tu blaen iddi.

Ar ôl y seremoni, arweiniodd y priodfab a'r briodferch orymdaith hir ar hyd llwybr yr eglwys at y gât, ar eu ffordd i'r Persondy lle paratowyd y wledd briodas.

Wrth i Ifan a Modlen nesu at y gât, synnodd rhai o'r dilynwyr pan welsant Ifan yn gadael Modlen ac yn troi at y bedd o dan yr ywen.

'Cofio'i ffrind mae e ynghanol ei hapusrwydd ei hun, chware teg iddo,' meddai eraill, wrth syllu ar ei gefn yn diflannu y tu ôl i foncyff trwchus yr hen goeden.

Bodlonodd y briodferch, y perthnasau a'r gwesteion i aros amdano. Wir, doedd ganddyn nhw ddim dewis. Fe fuon nhw'n aros yn hir . . .

Wyddai Ifan ddim yn iawn pam iddo adael y cwmni llon, heblaw bod chwiw wedi codi yn ei ben i frolio'i gamp yn ennill llaw Modlen uwch bedd Daniel. Ond wedi iddo fynd heibio'r ywen, er syndod mawr iddo pwy welodd e'n eistedd ar y garreg fedd ond Daniel ei hun a photel o ddiod gadarn yn ei law. Petrusodd Ifan.

'Doeddwn i ddim wedi disgwyl dy weld di yma,' meddai.

'Nag oeddet, wela i, ond twt, allwn i ddim gorwedd yn llonydd ar ddiwrnod dy briodas heb ymuno ryw gymaint yn y dathlu a dymuno'n dda i ti. Dere, cymer lymaid bach 'da fi.'

Estynnodd Daniel y botel i Ifan a derbyniodd e hi gan ddal i lygadu Daniel yn nerfus. Rhuthrodd holl fanylion y noson erchyll honno i'w gof pan gododd yn llechwraidd o'i wely a'r dwymyn yn llosgi yn ei ben ac yn ei yrru 'mlaen i guddio wrth wal y Persondy a'r fwyell yn ei law a'r eiddigedd yn ei galon yn ei fwyta'n fyw. Cofiodd iddo ddilyn Daniel o lech i lwyn nes 'madael â'r pentre a throi at y llwybr unig a arweiniai i Bantyblodau cyn taro a tharo a tharo . . .

'Ond . . . ond . . .' mwmialodd drwy'i fraw.

'Paid â bod yn swil,' calonogodd Daniel e. 'All peth bach fel ergyd bwyell ddim gwahanu ffrindie o'r crud. Ŷf yn ddwfn—er mwyn cyfeillgarwch.'

'Dyma beth yw ffyddlondeb,' meddai Ifan yn ddistaw.

Ac fe gymerodd ddracht da gan deimlo'r ddiod yn cynhesu'i fron wrth fynd i lawr at ei stumog. Estynnodd Daniel am y botel a chymryd dracht ei hun cyn ei hestyn yn ôl i Ifan. Ac felly, o lymaid i lymaid, o ddracht i ddracht, gwagiwyd y botel rhwng y ddau.

Wedi llyncu'r diferyn olaf, 'Wir,' meddai Ifan, 'hoffwn aros yn hwy, Daniel bach, ond mae'n rhaid i mi fynd yn ôl nawr. Mae Modlen a'r gwesteion yn disgwyl amdana i . . .'

Gwenodd Daniel. Ddadleuodd e ddim na ffarwelio chwaith ond toddi drwy'r garreg gan adael y botel yn gorwedd ar ei hochr yn y pridd yn ymyl y bedd. Aeth Ifan yn ôl o gwmpas yr ywen ac at y gât ond doedd neb yno i'w groesawu.

'Am gwmni anfoesgar,' barnodd. 'Doeddwn i ddim bant mwy na chwarter awr a dyna bawb wedi troi at y wledd o 'mlaen i . . .'

Brysiodd i'w dilyn ond doedd dim neithior yn y Persondy y diwrnod hwnnw. Ac nid ei dad-yng-nghyfraith a ddaeth at y drws i ateb ei gnoc a'i floedd, ond gŵr na welsai mohono erioed o'r blaen er fod hwnnw mewn gwisg Person. Ymddangosai'n hollol gartrefol yno hefyd a gwahoddodd Ifan i'r gegin a galw am damaid a llymaid iddo. Gwrandawodd ar ei stori a chofio . . . cofio am hanes rhyfedd a glywsai gan ei ragflaenydd, a glywsai hwnnw gan ei ragflaenydd yntau, am briodfab a ddiflannodd ar ddiwrnod ei briodas a hynny ar ddechrau'r ganrif gynt.

Ac os gofynnwch sut rwy i'n gwybod y manylion, wel, roedd Mam-gu'n forwyn fach yn y Persondy bryd hynny, a hi dendiodd ar y gŵr dieithr a ddaeth at y drws fel huddyg i gawl, ac fe glywodd hi'r stori bob gair o'i enau'i hun wrth iddo'i hadrodd wrth ei meistr.

Cael Gwared ar y Diafol

Creadur cyfrwys ar y naw yw'r diafol. Ac mae'n glyfar hefyd. Mae angen codi'n gynnar iawn yn y bore i'w faeddu e; ac nid pawb sy'n gallu gwneud hynny wedyn. Mae e'n un anodd iawn i'w 'nabod, a dim ond y rhai mwya craff sy'n gallu gweld trwy'i driciau.

Roedd digon o bobl graff yn byw ym Mhengelli pan oedd Mam-gu'n ferch fach ac felly, un gwanwyn pan gyrhaeddodd y diafol yn eu mysg ar lun dyn ifanc hardd ei olwg, doedden nhw ddim yn hir cyn cymryd ei fesur a hynny drwy sylwi ar y dylanwad oedd ganddo ar y bobl ifainc.

Am y tro cynta i neb gofio, cododd cynnen rhwng y merched a thafod pob merch ddibriod yn poeri malais, un yn erbyn y llall. Roedd y llanciau hefyd yn cystadlu â'i gilydd i ennyn cymeradwyaeth y dieithryn. Yn wir, roedd pawb rhwng un ar bymtheg a deg ar hugain wedi'u swyno'n lân ganddo ac yn esgeuluso'u gwaith er mwyn ei ddilyn i segura a diogi lawr ar y morfa neu i chwarae cardiau a thaflu dîs am arian ar ochr y mynydd. Cyn hir, roedd chwyn yn tyfu rhwng y cnydau a'r anifeiliaid yn crwydro'n rhydd i chwilio am damaid, a neb wrth law i gau'r tyllau yn y perthi nac i ailgodi'r cloddiau.

Mewn ychydig wythnosau trodd y pentre diwyd a hapus yn ganolfan grwgnach a ffraeo, gyda'r rhieni'n dannod y gwaith a esgeuluswyd wrth eu plant a'r plant yn ateb yn haerllug. Byddai lawn cystal pe bai'r bobl mewn oed wedi cadw'u gwynt at waith arall.

Ar ôl yr holl ddiofalwch, erbyn yr hydref ychydig iawn o gynhaeaf oedd i'w fedi. Ar y pryd, doedd dim ots gan y bobl ifainc gan fod eu boliau nhw'n llawn a chan fod y gwaith o fedi cnwd bach yn ysgafnach na'r gwaith o fedi cnwd trwm, ond casglai'r to hŷn yn grwpiau bach pryderus ar gornel pob hewl. Roedden nhw'n cofio ambell gynhaeaf gwael cyn hyn ac roedden nhw'n rhagweld gaeaf o newyn a thrueni.

'Fe, y dieithryn coc robin hwnnw a'i wên lachar a'i eirie teg, fe sy ar fai,' meddai Gruffydd, y clochydd.

'Cythrel mewn cro'n os gweles i un erio'd,' meddai Siani, Erw Garreg, a'i llygaid dyfrllyd gwan yn gweld ymhellach na llygaid bach y bobl ifainc.

Cynhaliwyd Gwasanaeth Diolchgarwch yn yr eglwys yn ôl yr arfer, er mai ychydig iawn oedd gan neb i ddiolch amdano'r flwyddyn honno, a doedd neb o'r bobl ifainc yn bresennol. Roedden nhw'n rhy brysur yn dawnsio a chweryla â'i gilydd o gwmpas yr ysgub ola ar y maes.

Pan ddaeth y gwasanaeth i ben, yn lle mynd sha thre casglodd yr hen bobl ym mhorth yr eglwys a chrefu ar i'r Person gael gwared â'r diafol o'u plith.

Ochneidiodd y gwrda'n drwm. Cadwasai drefn deg ar ei blwyfolion ers bron i hanner can mlynedd a hynny'n benna drwy adael i amser wneud ei waith drosto, ond fynnai neb iddo oedi yn wyneb yr argyfwng hwn. Roedd angen gweithredu ar hast.

Wedi 'styried a meddwl a thynnu sawl cynllun drwy'i feddwl, 'Gwysiwch e i'r eglwys,' meddai yn y diwedd, er mawr ryddhad i'w blwyfolion pryderus; roedd ganddyn nhw lawer o ffydd yng ngallu'r Person.

Roedd e'n ddarllenwr mawr ac felly'n gwybod mwy na neb arall am arferion y Gŵr Drwg, a gwyddai faint y dasg a'i hwynebai. 'Fe wna i 'ngore glas i roi tro yn ei gynffon e—ond dw i'n addo dim, cofiwch,' meddai.

Roedd y diafol mor siŵr o'i allu fel iddo ateb y wŷs ar unwaith. Daeth i'r fynwent a nifer go dda o'i ddilynwyr yn dynn wrth ei sodlau; yr ifainc drygionus yn disgwyl cael hwyl a sbri ar draul eu rhieni.

Gwrthododd wahoddiad caredig y Person i fynd i mewn i'r eglwys er mwyn cysgodi rhag y gwynt oedd yn chwythu o'r dwyrain yn ddigon llym.

'Na,' meddai'n ffroenuchel, 'gan fod fy ffrindie'n fodlon yn yr awyr agored, fe arhoswn ni yma. Does 'da fi gynnig i arogle sancteiddrwydd. Mae'n troi ar fy stumog i.'

Cytunodd y Person ar aros yn y fynwent. Safodd o flaen y porth yn ei wisg laes ddu, a phobl fwya cyfrifol y pentre yn eu dillad parch yn sefyll yn y porth yn gefn iddo. Eisteddodd y diafol ar garreg fedd yn ymyl y llwybr a'r bobl ifainc yn eu gwisgoedd lliwgar yn gorweddian ar y cerrig o'i gwmpas. A dyna fel y wynebodd y ddwy garfan ei gilydd. Y rhai o'r naill du'n ddifrifol iawn eu gwep a'u gwedd a'r lleill yn ysgafn ysgafala, yn chwerthin a gwneud llygaid bach ar ei gilydd.

Dechreuodd y Person drwy annerch y diafol ond er syndod mawr i'w ddilynwyr, yn lle achwyn ar ei ymddygiad gwarthus, fe'i canmolodd.

'Rwyt ti'n alluog iawn,' meddai, 'yn llawer mwy galluog na neb arall yn y pentre 'ma.'

Nodiodd y diafol ei ben i gydsynio â hynny, a gwên falch yn chwarae o gwmpas ei wefusau siapus a'i ddilynwyr yn cymeradwyo ac yn gwrando'n fwy astud. Doedden nhw ddim wedi disgwyl y fath weniaith gan y Person o bawb.

'Mor hawdd oedd i ti ddylanwadu ar ein pobl ifainc,'

22

coethai hwnnw, 'doedd dim syndod eu bod nhw'n torri eu bogail i fod yn dy gwmni di. Chawson nhw erioed y fath gyfle i gwrdd ag athrylith o dy fath di cyn hyn.'

Anesmwythai cefnogwyr y Person wrth glywed y sylwadau sebonllyd yn cael eu pentyrru un ar ben y llall. Edrychent ar ei gilydd yn syn. Oedd yr hen ddyn annwyl wedi colli'i bwyll? Oedd y cythraul gwenwynig oedd wedi troi pennau'u plant wedi effeithio ar eu gwarchodwr hefyd? Gwenu a nodio'n fawrfrydig wnâi'r diafol, a'r bobl ifainc yn ymlacio a mwynhau'r canmol.

'Mae'n diolch yn fawr i ti,' parhâi'r geiriau teg, 'am gymryd y fath ddiddordeb yn y twpsod di-ddysg, dibrofiad sy'n dilyn wrth dy gwt i bobman. Nid ar waith bach y bydd gŵr bonheddig fel tydi'n plygu i ddiwyllio'r fath gwmni.'

Tro y bobl ifainc oedd hi i anesmwytho. Diflannodd y cilwenau o'u gweflau a gwgent ar y siaradwr. 'Yr hen ffŵl,' sisialent, 'beth ŵyr e amdanon ni?'

Roedd y diafol ei hun yn mwynhau'r cyfan, a'i wên yn mynd yn lletach gyda phob gair. Ond roedd rhai o'r bobl hŷn yn teimlo'n anesmwyth iawn.

'A fyddai'n well i ni roi taw arno cyn iddo wneud pethe'n waeth?' murmurent un wrth y llall. 'Mae e fel 'tai e'n cefnogi'r holl ddrygioni sy'n mynd 'mla'n . . .'

Camodd un neu ddau ohonyn nhw allan o gysgod y porth a nesu ato, ond roedd y Person, er gwaetha'i oed, yn ddyn cryf ac yn ddyn duwiol ac ofnai'r mwya mentrus estyn eu dwylo yn ei erbyn.

Siarad yn ei flaen yn hamddenol a wnâi e, heb sylwi ar anfodlonrwydd y naill garfan na'r llall.

'. . . a thithe â'r fath enw am fedru dal dy dir ymhlith gwŷr mwyaf athrylithgar y byd . . . Clywais dy fod ti'n

23

medru dadle â thwrneiod, dal pen rheswm ag athrawon a chymryd dy le'n anrhyddus yng nghynghreirie brenhin-oedd, arlywyddion a llywodraethwyr. Ac eto rwyt ti'n ddigon gostyngedig i ddewis aros yma ymhlith y ffôl a'r diniwed.'

Cododd y diafol ei ysgwyddau a lledu'i ddwylo mewn ystum i ddangos nad oedd ots ganddo—bod y ffôl mor bwysig â'r dysgedig . . . ond actio yr oedd e gan fod geiriau'r Person wedi bachu yn ei galon. Unwaith neu ddwy roedd yntau hefyd wedi teimlo'i fod e'n haeddu teilyngach cwmni na hynny a gâi yn y pentre. Ac er iddo fwynhau llawer cast a champ, nawr fod y Person wedi sôn am y peth, teimlai falle ei bod hi'n bryd iddo symud yn ei flaen . . .

Erbyn hyn roedd ei ddilynwyr yn digio wrtho gan na chododd ei lais i achub eu cam. Doedden nhw ddim yn meddwl eu bod nhw'n ffôl nac yn ddiniwed ac roedden nhw wedi bod yn gwmni da iddo ar hyd y misoedd. Haerllugrwydd ar ran y Person oedd awgrymu fod angen gwell arno. Barnent mai lle'u heilun oedd rhoi taw sydyn ar y difrïo. Ond i'r gwrthwyneb, roedd e'n ymddwyn fel petai e'n hanner cytuno â'r celwydd.

'Ie wir, mae 'da ni le i ddiolch i ti,' pwysleisiai'r Person, 'yn enwedig o glywed fod rhai . . . rhai pobl anwybodus, wrth gwrs . . . yn honni dy fod ti'n colli dy rym a bod arnat ti ofn rhoi prawf ar dy alluoedd wrth ymdroi ymhlith cwmni deallus yr ysgolheigion . . .'

Cynhyrfodd y Gŵr Drwg pan glywodd hynny. Neidiodd ar ei draed a sythu i'w lawn daldra. Fflachiodd ei lygaid â thân melltigedig wrth iddo daranu, 'Does neb mor ddeallus na fedra i mo'i lorio'.

24

Edrychodd o'i gwmpas ar y bobl hŷn a'r bobl ifainc. Trodd ei wefus yn ddirmygus. Ac yna diflannodd o'u plith fel uwd oddi ar fys. Un funud roedd e yno, a'r nesa doedd e ddim. Aeth mor gyflym nes i ambell un daeru iddo weld pwff o fwg o'i ôl . . .

Fuodd y pentre fawr o dro cyn tawelu, ac er mai gaeaf llwm iawn oedd hwnnw, roedd yn brofiad a ddaeth â'r ieuenctid at eu coed, ac roedd pawb yn canmol y Person am ei gyfrwystra.

'Shwd yn y byd oeddet ti'n gwbod beth i'w ddweud wrtho fe?' gofynnodd ei ffrind penna iddo un noson wedi i'r ddau fwynhau swper bach blasus yn y Persondy.

'Wel,' eglurodd yr hen ŵr call a'i lygaid yn pefrio, 'balchder fu ei wendid e erioed—dyna barodd ei gwymp o Baradwys ac os oedd e'n fodlon mynd ma's o fan'na er mwyn boddio'i falchder doedd e ddim yn debyg o aberthu dim ohono er mwyn aros ym Mhengelli.' Gwenodd yn ddiniwed. 'Gwendid ofnadw yw balchder.'

Betsi'r Mynydd

Stori wir yw hon ac er iddi hi ddigwydd flynyddoedd yn ôl pan oedd Mam-gu'n lodes fach, roedd ganddi gof fel grisial a fyddai hi byth yn 'mestyn stori nac yn dweud celwydd.

Bryd hynny, roedd 'na hen wraig yn byw ymhell o sŵn y byd a'i bethau mewn bwthyn a godwyd mewn agen yn y graig yn uchel ar y mynydd. Mae'n rhaid ei bod hi'n ei chael hi'n ddigon anodd i ddod â deupen y llinyn ynghyd am fod tir y mynydd yn rhy denau i dyfu dim byd ynddo a doedd dim lled troed o borfa rhwng y creigiau lle gallai anifail bori. Doedd geifr ddim yn gallu byw yno, ac maen nhw'n gallu cynnal eu hunain ar y nesa peth i ddim, ond o gwmpas bwthyn Betsi doedd 'na'r un blewyn glas yn tyfu o gwbl.

Ond roedd Betsi'n llwyddo i fyw. Byddai'n crwydro ymhell o'i bwthyn yn chwilio am lysiau, cen a ffyngau i'w sychu er mwyn gwneud eli neu foddion ohonyn nhw. A phe buasai rhywun yn y pentre'n cwyno, doedd dim ond angen iddo ymweld â bwthyn Betsi ac roedd dos o'i moddion hi yn siŵr o'i wella. Roedd hi gystel â doctor bob tamaid ac yn well na doctor hefyd oherwydd fyddai hi ddim yn danfon bil nac yn disgwyl cael ei thalu ag arian gleision. Fe gâi ei thalu, wrth reswm, ond y claf fyddai'n pennu'r tâl a hynny'n amrywio yn ôl dyfnder ei boced a'i farn ar lwyddiant y feddyginiaeth; derbyniodd sachaid o dato am wella'r cornwyd ar fraich gwas y Fron; pat o fenyn am swyno dafaden wyllt oddi ar fys Siâms Tŷ Brith; afu'r mochyn a laddodd gan Isaac 'Rhewl am wella annwyd ei wraig . . . ac fel 'na roedd hi'n cadw corff ac enaid ynghyd heb rwgnach na phwyso ar neb. Cofiai Mam-gu gael ei chymryd ati ar ddiwedd rhyw wanwyn i gael gwella tosyn poenus yng nghornel ei llygad chwith. Cyffyrddodd Betsi â'r tosyn a thaenu eli melyn drosto. Talwyd gyda dwsin o wyau.

'Gwraig dal oedd hi,' cofiai Mam-gu, 'a'i hesgyrn fel 'taen nhw ar dorri drwy'i chro'n; cro'n melyn oedd gyda hi a thrwyn fel bwa a dafaden flewog dan ei gên. Roeddwn i'n ei hofni ac yn swil iawn o fynd ati nes i mi sylwi ar ei llygaid hi, llygaid glas gole'n fyw i gyd ac yn ddigon craff i weld trwy wal.'

Ar ôl yr ymweliad, diflannodd y tosyn ymhen diwrnod neu ddau a ddaeth e fyth yn ei ôl. Barnai Mam-gu fod Betsi'n haeddu'r parch a gâi gan bawb.

Y flwyddyn honno cychwynnodd y gaeaf yn gynnar. Ganol fis Tachwedd heb unrhyw rybudd disgynnodd caenen drwchus o eira. Pan aeth pawb i'r gwely roedd yn bwrw glaw mân yn ddigon diflas, ond newidiodd yn ystod y nos ac erbyn y bore roedd pob man yn wyn, pob llwybr wedi'i gau a gwynt cryf yn chwythu'r eira'n lluwchfeydd oedd yn bygwth cuddio'r perthi.

Doedd neb yn disgwyl iddo aros ar lawr yn hir—cyflym i ddod, cyflym i fynd oedd y gred—a phawb yn siŵr y dôi cawod o law i'w olchi bant. Ond ddaeth y gawod ddim a disgwyl i'r eira fynd y buon nhw am fisoedd. Rhewai'n galed ddydd a nos a phob yn hyn a hyn ysgydwai'r cymylau ragor o blu gwyn dros y ddaear nes fod un haen yn gorwedd ar ben y llall. Doedd 'na chart na cheffyl yn gallu dod i'r pentre ac er fod y dynion wedi gwneud eu gorau i gadw llwybrau cul yn glir rhwng y tai a'r tai allan er mwyn mynd at eu gwaith, bwydo'r anifeiliaid a galw

27

heibio'i gilydd i sicrhau fod popeth yn iawn, doedd dim posib gadael y pentre.

Parhaodd yr heth dros y Nadolig, dros y Calan ac erbyn canol mis Ionawr roedd 'na bryder ynglŷn â hynt a helynt Betsi i fyny ar y mynydd ar ei phen ei hun. Tebygent fod ganddi ddigon o danwydd. Byddai wedi sicrhau stôr da yn yr hydref. Ond beth am fwyd? O'r llaw i'r genau roedd hi'n byw ar y gorau ac allai fod yna ddim llawer gyda hi wrth gefn. Doedd neb yn dweud llawer ond yn edrych draw at y mynydd bob yn hyn a hyn a hwnnw'n ddisglair galed dan ei glogyn gwyn. Ac wrth eistedd yn gysurus wrth y ford a bwrw at fasned o gawl cynnes, roedd sawl un yn meddwl am Betsi ac yn gofidio wrth ddychmygu'r fath arlwy lom a gâi hi.

Yn y diwedd, allai Siâms ac Isaac ddim diodde mwy gan eu cydwybod. Penderfynasant fentro i'r mynydd â llond sach o flawd a thalp o gig moch. Mynnent eu bod nhw wedi diflasu ar y segurdod a wthiwyd arnyn nhw gan yr eira a'u bod yn croesawu'r her.

'Caiff dalu pan all hi,' meddai Isaac, pan oedden nhw'n trefnu.

Cychwynasant ben bore a chael dim trafferth nes iddyn nhw adael Tyddyn y Cwrr a tharo ar draws y comin. Yno, roedd yr eira'n fwy meddal a suddent ynddo at eu bogeiliau. Roedd Isaac mewn gwaeth cyflwr na Siâms gan taw stwcyn bach byr oedd e, yn gorfod codi'i goesau'n uwch er mwyn cymryd cam. Bu'n rhaid iddo alw ar Siâms i'w dynnu o dwll sawl gwaith. Wedi dwy awr o stryff-aglio, roedd y ddau'n chwys diferol ac yn ei chael hi'n anodd tynnu anadl. Wedi cael sbel fach ac ymgynghori, penderfynasant adael y sach fwyd yn yr eira a mynd yn eu blaen hebddi, gan feddwl y byddai'n haws symud heb lwyth ac wedi cyrraedd y bwthyn gallent berswadio Betsi i ddod yn ôl i'r pentre gyda nhw i aros yno nes i'r eira ddadmer. Roedd hynny'n gallach o lawer nag ymdrechu i gario bwyd i fyny ati hi, medden nhw wrth ei gilydd. Felly, dyna fustachu 'mlaen am dair awr a mwy eto nes iddi hi ddechrau tywyllu a hwythau wedi treulio golau ddydd i gyd i fynd chwarter y ffordd yn unig. Ac roedden nhw wedi diffygio.

'Mae'n rhaid troi'n ôl,' meddai Siâms yn siomedig.

'Fydd e ddim help i Betsi os trengwn ni fan hyn,' cytunodd Isaac.

'Ac mae gyda ni wragedd a phlant yn disgwyl wrthon ni . . . ,' meddai'r ddau gyda'i gilydd.

Yn ôl â nhw gan fynd heibio i'r sach fwyd a'i gadael man lle'r oedd hi yn yr eira, wedi blino gormod i drafferthu'i chodi.

'Falle daw cyfle i ni fentro eto,' meddai Siâms, 'a bydd cymaint â hynny'n llai o bellter gyda ni i'w chario.'

Fis Chwefror a'r haul yn dangos ei wyneb am y tro cynta ers misoedd, bant â nhw am y mynydd eto. Aethon nhw dipyn bach ymhellach y tro hwn, ond yr un oedd yr hanes yn y diwedd. Methu! Ymhen pythefnos wedyn ceisiodd dau o'r llanciau ifainc gyrraedd y bwthyn, ond er gwaetha'u coesau heini a'u calonnau cryf, fe faeddodd yr eira nhw yr un fath.

Nhw oedd yr ola i fentro. Doedd dim amdani ond aros i'r dadmer a gweddïo dros enaid yr hen wraig, gan fod pobl yn amau'n fawr erbyn hyn ei bod hi wedi trengi. Sut allai neb fyw drwy'r fath galedi heb lond bola o fwyd i'w gadw'n dwym?

Ddiwedd mis Mawrth, dihunodd pawb i sŵn dafnau'n diferu o'r toeau—drip, drip, drip. Pan ddeallon nhw beth

29

oedd yn digwydd dyna godi'n sionc o'r gwely, rhuthro at y ffenest a gweld fod yr haul yn gwenu'n gryf. Roedd y tywydd wedi troi, y gaeaf yn dangos ei gefn a'r gwanwyn yn gwenu wrth y drws.

Ymhen tri diwrnod roedd y ffyrdd yn glir. Ymhen wythnos doedd dim eira ar ôl heblaw am het wen ar y mynydd a rhubanau styfnig ar hyd y cloddiau.

Er gwaetha'u prysurdeb, troai'r pentrefwyr eu llygaid tua'r mynydd a'r un cwestiwn oedd ar dafod pawb, 'Beth am Betsi?'

Y bore wedyn cychwynnodd cwmni trist am y bwthyn ar y mynydd; Gruffydd Jones y clochydd, Siâms, Isaac, Nedw, mab Sioni'r crydd, ac Abner, Tyddyn y Cwrr. Allai'r Person ddim mynd gyda nhw gan ei fod e yn ei wely dan annwyd trwm. Er nad oedd neb wedi dweud y peth yn blwmp ac yn blaen, roedden nhw'n credu'n ffyddiog eu bod nhw'n mynd i gyrchu corff Betsi i lawr i'w gladdu ym mynwent y plwy ac roedd gwep pawb yn weddus o hir.

Doedd y siwrne ddim yn hawdd rhwng llifogydd o ddŵr yn llenwi'r ffyrdd ac ambell luwch cyndyn yma ac acw wrth iddyn nhw ddringo'n uwch. Roedd yn hanner dydd erbyn iddyn nhw ddod i olwg yr agen lle'r oedd bwthyn Betsi. Gostyngodd Gruff Jones ei ben yn ddefosiynol, fel y gweddai i glochydd, ond roedd Siâms yn llygaid i gyd, yn ôl ei arfer.

'Fechgyn, fechgyn,' ebychodd yn syn, 'mae 'na fwg yn codi rhwng y creigie.'

'Oes wir,' cytunodd y lleill yn unfryd.

Dyna beth oedd syndod ac yn lle cerdded yn bwyllog fel dynion yn eu hoed a'u synnwyr dechreuasant redeg cystal ag y medren nhw dros y tir gwlyb a chyn hir roedd y bwthyn o'u blaen, ac yn sicr ddigon roedd 'na fwg yn troelli o'r corn simne.

Petrusodd y cwmni nawr, arafu ac edrych yn gam ar ei gilydd.

'Mae'n amhosib,' meddai Abner.

'Gwaith y diafol,' mynnai Gruff Jones.

'Dim ond gwrach allai oroesi'r fath aeaf heb fwyd na dim,' meddai Nedw.

'Diafol neu wrach, wedi dod cyn belled â hyn smo fi'n mynd 'nôl heb weld shwd ma pethe 'cw,' meddai Isaac.

A chan ei fod e'n ddigon dewr i arwain, dilynodd y lleill er eu bod nhw'n crynu yn eu clocs. Gyda'u bod nhw'n nesu, agorodd y drws a safai Betsi ei hun, yn iach a llond ei chroen, i'w croesawu ar y trothwy.

'Dewch i mewn, dewch i mewn,' gwahoddodd yn frwd.

Edrychodd y clochydd ar Abner ac Abner ar Nedw a Nedw ar Siâms, ond dilyn Isaac i'r gegin wnaethon nhw, er na fentron nhw ddim ymhell i mewn; dim ond taro'u trwynau dros garreg y drws.

'Nawr 'te,' meddai Betsi, pan oedden nhw i gyd yn gryno dan do, 'be sy 'di dod â chi yma heddi a digon o waith yn eich aros chi gartre siŵr o fod, ar ôl y fath aeaf? Does dim haint yn y pentre, nac oes?'

'Nac oes, diolch i Dduw,' atebodd Isaac, 'ambell annwyd ond dyna i gyd, dim byd i dy boeni di yn ei gylch . . .'

Ymgroesodd Gruff Jones rhag y fath swyngyfaredd.

'Beth sy 'te?' holodd Betsi.

'Wel, ti . . . Gofidio amdanat ti roedden ni,' eglurodd Siâms, yn ffwndrus. 'A'r eira ar lawr c'yd a neb yn gallu mynd na dod roedd ofn arnon ni . . .'

''Mod i 'di trengi?' chwarddodd Betsi, lond ei phen. 'A hawdd y gallwn fod wedi gwneud hefyd, ond lle i ddiolch sy 'da fi.'

'Diolch?' synnai'r gwŷr a symud yn nes at yr aelwyd, lle llosgai tanllwyth o dân coed. Roedd hi'n dal yn oer y tu allan.

'Ie, bues i'n ddigon lwcus i gael fy nigon a 'ngwala a hynny, synnwn i ddim, ar draul un neu ddau ohonoch chi, chware teg i chi . . .'

'Ond . . . ond . . . shwd oedd 'ny?' mentrodd Siâms.

Ac roedd yr un cwestiwn yn llygaid pawb. Roedd hyn yn ddirgelwch i bob un ohonyn nhw.

Yn lle ateb, aeth Betsi at y drws a'i agor. Safodd ar y trothwy a chodi dau fys at ei gwefusau a chwibanu'n glir. Gwelodd y dynion smotyn tywyll yn symud lawr dros y llethr a godai y tu ôl i'r tŷ, fel petai'n ateb i'r alwad. Pan ddaeth yn nes dyna nhw'n adnabod y creadur. Cadno. Pan gafodd y cadno wynt y dynion, trodd fel mellten goch a bant ag e, yn ôl y ffordd y daeth e.

Chwarddodd Betsi eto. 'Tebyg na wela i mohono eto,' meddai, 'ond fe fu'n ffrind da i mi yn ystod y misoedd diwetha 'ma.'

'Ffrind . . . cadno . . . ?'

'Ie. Gadewch i mi adrodd yr hanes.' Eisteddodd ar stôl bren dan y ffenest a bwrw i'w stori a'i gwrandawyr yn glustiau i gyd. 'Y noson gynta honno,' meddai, 'pan ddisgynnodd yr eira mor ddisymwth, gan daenu'i flanced wen dros y wlad i gyd, roeddwn i wedi mynd i 'ngwely pan glywais grafu wrth y drws. Codais a mynd i agor a dyna lle'r oedd y creadur a golwg druenus arno. Roedd ganddo glwyf dwfn ar hyd ei ystlys o'i ysgwydd bron at ei gwt. Beth allwn i ei wneud ond dod ag e i'r tŷ at wres y

tân? Triniais ei glwyf a'i gadw yma i wella. Erbyn i 'nhipyn
bwyd i ddod i ben doedd e'r cadno bach ddim gwaeth ar
ôl ei anffawd ac yn ysu am gael ei ollwng i hela.'

'Ac fe wnest ti roi'i ryddid iddo,' sylwodd y clochydd yn
surbwch, wrth gofio am ffowlyn tew a gollodd o'r cefn.

'Do,' atebodd Betsi, 'ac yn wahanol i ambell glaf
deudroed anghofiodd y cadno ddim am y sawl a'i
ymgeleddodd a byddai'n galw heibio gyda'i brae,
ddwywaith neu deirgwaith bob wythnos i'w rannu 'da
fi—hwyaden fach, gŵydd unwaith, cwningen, ffowlyn
. . . yn gymwys fel 'tai e'n deall 'mod i ar 'y nghythlwng.
Chware teg, rwy i 'di byw fel brenhines, diolch i'r cadno.'

Tarawyd y dynion yn fud. I feddwl am gadno'n cynnal
Betsi yn ei hangen . . . A chan nad oedd mo'u hangen
nhw yno ar y mynydd a gwaith yn eu disgwyl, ffarweliwyd
â hi a throi sha thre.

Bu Betsi fyw am flynyddoedd wedi'r gaeaf caled
hwnnw, gan ddal i gymysgu eli a moddion a'u cynnig i'r
pentrefwyr—nes fod y blew ar y ddafaden dan ei gên yn
lliw arian pur, meddai Mam-gu—ond wyddai hi ddim a
ddaliodd y cadno i alw heibio'r bwthyn. A bu'n rhy swil i
ofyn pan ddaethai achos iddi hi ddringo'r mynydd i ofyn
am help gan Betsi.

Y Wên Olaf

Pan oedd Mam-gu'n blentyn roedd pawb bron yn y pentre'n perthyn i'w gilydd, naill ai drwy waed neu drwy briodas, a phawb yn fodlon arddel y berthynas hefyd. Roedd chwaer i'w mam yn byw mewn bwthyn ar lethr y bryn y tu hwnt i'r gwaith glo, ryw filltir a hanner o'r pentre ac roedd saith o blant ganddi. Stori Jane, y pedwerydd plentyn o'r saith, yw hon.

Roedd Jane yn un fach ddethau iawn a chan mai hi oedd yr hyna o'r merched, hi oedd yn cael mynd i'r pentre ar neges dros ei mam a hynny er pan oedd hi'n ddim o beth. Doedd y siwrne lawr i'r pentre o Lwyn Jac a'i basged yn wag yn ddim treth arni o gwbl ond gallai'r siwrne'n ôl fod yn ddigon blinderus a hithau dan ei phwn. Braf bryd hynny oedd cael ei chodi i drap Ifan Howel, mishdir Pencwarr, y fferm oedd getyn bach yn uwch i fyny na'r bwthyn.

Un nos Fawrth ddechrau'r gaeaf pan oedd Jane tua'r naw oed, aeth i lawr at gyfarfod plant yn festri Seion, hi a dau o'i brodyr hŷn. Daeth y cyfarfod i ben tua'r wyth o'r gloch, a'r bechgyn am aros i lawr at bractis côr. Doedd Jane fawr o gantores a doedd dim awydd sefyllian arni i wrando ar y côr yn mynd trwy'i bethau, felly cychwynnodd am adre ar ei phen ei hun. Doedd dim blewyn o ofn arni. Roedd rhimyn o leuad newydd yn estyn mymryn o olau ac roedd hi'n hen gyfarwydd â'r ffordd ta beth ac yn adnabod pawb oedd yn debyg o ddod ar ei thraws.

Roedd yn noson sych ond bod yr awel yn finiog. Cododd goler ei chôt a gwthio'i dwylo'n ddwfn i'w

34

phocedi. Wedi bod yn cerdded am ryw ddeng munud a gadael Tyddyn y Cwrr o'i hôl, teimlai'n unig a diflas ac roedd yn difaru iddi hel ei thraed mor gyflym, yn lle aros am gwmni Edwart a Robert John.

Gyda'i bod hi'n dechrau dringo'r tyle, clywodd sŵn trotian ar y ffordd y tu ôl iddi. Cododd ei chalon. Roedd Wncwl Ifan yn dod gyda'r poni a thrap. Anaml iawn y byddai e ma's wedi bo nos, ond ei lwc hi oedd ei fod e wedi cael rheswm i droi ma's heno. Câi ei chodi a'i chario adre'n ddidrafferth mewn dim amser. Pwysodd yn erbyn y clawdd ac aros amdano. Taflai'r lleuad gysgodion du ar wynder y llwybr a gallai weld siâp y poni'n dod yn nes a rhywun yn eistedd ar fainc y trap yn dal yr awenau. Pan ddaeth gyferbyn â hi, camodd o'r cysgodion, cododd ei llaw a galw, 'Wncwl Ifan . . .' Trodd Wncwl Ifan ei ben a'i gweld hi'n sefyll yno'n ddisgwylgar. Gwenodd arni a nodio ddwywaith neu dair cyn rhoi chwip i'r poni a barodd i hwnnw garlamu yn ei flaen ac o'i golwg hi rownd trofa Allt Goch. Fe'i siomwyd yn bwt.

Doedd e erioed wedi mynd heibio a'i gadael hi o'r blaen. Roedd hi wedi meddwl erioed ei bod hi'n ffefryn ganddo. Siani Fach Ni oedd yr enw a roddai arni. Ac fe'i gwelodd hi, roedd hi'n gwbl sicr o hynny, a'i hadnabod hefyd. On'd oedd e wedi gwenu arni—ac wedyn wedi troi ei ben a gyrru yn ei flaen? Oedd hi wedi'i ddigio fe? Doedd hi ddim yn meddwl ei bod hi . . .

Cerddodd yn ei blaen yn benisel a'i siom yn peri fod y ffordd yn ymddangos ddwywaith ymhellach nag arfer a'r tyle'n serthach nag erioed o'r blaen.

Wedi iddi hi droi wrth Allt Goch, gallai weld sgwaryn o olau melyn yn tywynnu drwy ffenest cegin Llwyn Jac a rhoddodd hynny hwb ymlaen iddi a chyrhaeddodd adre yn y man.

Roedd y gegin yn gynnes groesawgar; y plant lleia wedi mynd i'r gwely a'i mam yno'i hun yn ei chadair o flaen y tân yn cyweirio hosan wrth olau'r lamp olew.

'Dy hun wyt ti?' oedd ei chyfarchiad.

'Ie,' atebodd Jane ac egluro i'r bechgyn aros am bractis côr ac yna, gan mai dyna oedd ucha yn ei meddwl, arllwysodd hanes y siom a gafodd ar y tyle. 'Fe aeth Wncwl Ifan heibio i mi bron fel 'tawn i'n ddieithr iddo fe,' meddai, a'r dagrau'n bygwth yng nghorneli ei llygaid.

Rhoddodd ei mam yr hosan o'r naill du. 'Dere 'ma,' meddai a thynnu Jane ar ei harffed. Anwesodd ei phen yn dyner a Jane yn rhyfeddu oherwydd anaml iawn roedd amser i anwes fach yn Llwyn Jac.

'Pryd welest ti Wncwl Ifan?' gofynnodd ei mam yn dawel.

'Jyst nawr,' taerodd Jane, 'wrth waelod y tyle . . .'

'Faint wnaeth e gymryd i ti gerdded lan?' oedd y cwestiwn nesa. 'Hanner awr?'

'Rhywbeth tebyg, sbo.'

'Wel clyw, merch i, llai na hanner awr yn ôl daeth Wiliam, gwas Pencwarr at y drws i ddweud fod ei fishdir wedi ca'l trawiad sydyn wedi dod i'r tŷ ar ôl bwydo'r moch, ac erbyn iddyn nhw ei gario i'r gwely roedd e wedi marw. 'Na lle mae dy dad—wedi mynd i Bencwarr gyda Wiliam i gynnig hynny o help a all e i Meri druan . . .'

Ond doedd Jane ddim yn gwrando. Claddodd ei phen yn arffed ei mam a llefen, llefen wrth gofio'r wên ola honno a gafodd gan Wncwl Ifan.

Rhwydo'r Lleuad

Roedd 'na ddyn yn byw yn y pentre oedd yn enwog am ddweud celwydd. Idwal Cadwaladr Defis oedd ei enw a doedd 'na neb yn y pentre nac yn y sir nac yn y wlad bwygilydd a allai ddweud celwydd yn well nag e. Roedd e'n bencampwr ar y gwaith. Doedd neb yn ei feirniadu nac yn ei ddrwgleicio am eu rhaffu nhw mor ddigywilydd; i'r gwrthwyneb, roedd croeso cynnes iddo i bob cwmni gan ei fod e mor ddifyr a chan fod ganddo stori newydd i'w hadrodd byth a hefyd. Ac fe âi drwy'i bethau mor ddidwyll â phlentyn yn llyfu'i fawd; o achos roedd Idwal yn credu pob gair a ddywedai ac roedd e mor gyfrwys fel bod pob un o'i wrandawyr yn credu hefyd ar y pryd ac yn synnu at y rhyfeddodau a ddatgelai wrthyn nhw; er falle'u bod nhw'n amau ei fod e'n 'mestyn tipyn bach wrth adrodd ei hanes yn cerdded adre yn oriau mân y bore wedi bod yn cystadlu yn Eisteddfod Pontlliw. Ond darllenwch yn eich blaen ac fe gewch chi benderfynu drosoch chi'ch hun ai celwydd ai'r gwirionedd a goethai Idwal.

Y noson honno, dilyn yr afon ar draws y comin wnaeth e fel oedd yn arfer gan bawb, er mwyn arbed y milltiroedd ar hyd y ffordd. Ar gychwyn y daith, roedd yn hawdd dilyn y llwybr gan fod lleuad lawn yn tasgu'i golau dros y wlad ac yn chwarae ar wyneb y dŵr. Gan fod yr awel yn fain a hithau'n ddechrau mis Tachwedd, cerddai Idwal yn gyflym gan ail-fyw cynnwrf yr eisteddfod yn ei gof. Tueddai i feddwl ei fod e wedi cael cam wrth gael ei roi'n ail ar y prif adroddiad, ond theimlai e ddim yn chwerw gan iddo ennill y wobr gynta am yr adroddiad digri. Hanner gini bach eitha derbyniol. Gwthiodd ei law i boced ei wasgod er mwyn sicrhau fod yr hanner gini'n dal yn ddiogel ond cyn i'w fysedd gau o'i gwmpas aeth pob man yn dywyll bits. Safodd yn ei unfan ar hanner cam a'i law dde'n dal wrth ei boced. Gan ei fod e'n ddyn call a synhwyrol, yn ei farn ei hun o leia, fuodd e ddim yn hir cyn deall beth a ddigwyddodd. Roedd y lleuad wedi diflannu a'i golau caredig wedi diffodd, pob smic ohono. Trodd Idwal ei ben i bob cyfeiriad, i fyny, ar draws, ymlaen ac yn ôl, ond doedd dim llewychyn o olau'n disgleirio yn unman. Fyddai hi ddim yn waeth arno pe bai e wedi'i lyncu'n gyfan i fola buwch. Gallai glywed yr afon yn dal i redeg gerllaw ond allai e mo'i gweld hi, a chan ei bod hi'n ddwfn mewn mannau ac yntau'n ffaelu nofio, am getyn bach roedd arno ofn estyn un droed o flaen y llall.

Ond allai e ddim aros yn rhynnu yn ei unfan drwy'r nos. Câi ei fam weddw wasgfa pe na chodai at ei frecwast mewn pryd i fynd i'r cwrdd yn y bore a hithau, wrth fynd i'w ddihuno, yn darganfod ei wely'n wag a dim olion ei fod e wedi cysgu ynddo!

Roedd e mewn tipyn o bicil ond gan ei fod e'n awyddus i osgoi unrhyw bryder i'w fam, beth wnaeth e ond disgyn ar ei bedwar a dechrau cropian fel babi o dwyn i dwyn. Ffordd ddigon annifyr i deithio fel y dysgodd wrth roi'i law chwith i ganol clamp o ddanadl poethion a'i law dde ar ben ysgallen bigog . . . ond dyna sut iddo fe gael gwybod i ble'r aeth y lleuad . . .

Pe buasai'i drwyn e ddim cweit mor agos i'r ddaear fyddai e byth wedi gweld y smotyn bach, bach o olau, dim mwy na blaen pensil, yn codi o wely'r afon.

Roedd smotyn bach o olau'n well na dim, meddyliodd, wrth anelu amdano a'i gael ei hun ar lan y pwll a gronnai dan Bont y Sticil. Yn ofalus iawn pwysodd dros y dorlan a chraffu i'r dyfnder. Er syndod iddo, gwelodd y lleuad yn bell, bell i lawr wedi'i dal yn y brwyn a'r hesg. Doedd hi'n dda i ddim i neb fan'co a gore po gynta i rywun ei chael hi o 'na, meddyliodd. Doedd neb o gwmpas, heblaw amdano fe, a allai wneud y gwaith a chwarae teg, doedd e ddim yn ddyn i droi'i gefn ar ei ddyletswydd. Felly, tynnodd ei gôt a thorchi llawes ei grys. Estynnodd ei fraich i'r dŵr.

Y tro cynta iddo fentro, ffaelodd â chyrraedd yn agos at y golau. Ond roedd e'n ddyn penderfynol a threiodd eto gan bwyso 'mhellach dros y dorlan. Y tro hwn cyffyrddodd blaen eitha'r bys hir â'r golau, ond bu bron iddo gwympo ar ei ben i'r afon a thynnodd ei law yn ôl yn glou. Fe'i syfrdanwyd wrth weld disgleirdeb arian yn chwarae ar hyd y bys. Gwnaeth hynny e'n fwy eiddgar fyth i gael gafael yn yr arian byw o loer a chan fachu'i draed y tu ôl i garreg fawr pwysodd eto dros y dorlan gan 'mestyn a 'mestyn fesul milimedr yn nes, nes at y golau. Mae'n ddigon posib, ac yntau'n pwyso tuag i lawr, mai dyna sut y llithrodd yr hanner gini a enillodd yn yr eisteddfod, o'i boced i'r dŵr, i'w golli am byth yn ei ddyfnderoedd, ond yn ei gynnwrf, sylwodd e ddim ar y pryd. Llwyddodd i gael y bys hir, bys y fodrwy a'r bys agosa at y fawd i gyffwrdd yn y disgleirdeb, ac roedd am wneud un ymdrech eto i gau'i ddwrn amdano pan symudodd y garreg oedd yn sadio'i draed o'i lle a . . . Sblash! Roedd Idwal dros ei ben a'i glustiau yn yr afon. Ond roedd y lleuad yn ddiogel yn ei law a fynnai e mo'i gollwng am bris yn y byd.

Trwy lwc, wrth ddisgyn, gafaelodd mewn brwynen wydn gyda'i law rydd a chan dynnu wrth honno, llwyddodd i ddringo'n ôl i'r lan yn ddiogel. Heblaw ei fod e'n wlyb diferol, doedd e ddim gwaeth ar ôl ei drochiad, a rhyfeddai at ddisgleirdeb y lleuad a lusgai dros ei fraich mewn stribedi hirion.

Doedd gydag e ddim gobaith ei chario adre fel'na, felly fe roliodd y stribedi'n belen fawr a gwasgu'r belen a'i gwasgu'n dynnach ac yn dynnach nes ei bod hi'n ddigon bychan i fynd i boced ei gôt. Roedd jyst digon o olau'n dianc drwy'r brethyn i ddangos y ffordd iddo a chamodd yn fras ac yn sionc a'i drysor yn ei boced.

Anghofiodd bob dim am yr eisteddfod. Llanwyd ei feddwl â phob math o gynlluniau a threfniadau ynglŷn â sut i elwa ar y belen arian a gariai mor rhwydd. Edrychai 'mlaen at ei dangos i'w fam. Fe fyddai hi'n synnu at ei gyfrwyster yn llwyddo i rwydo'r lleuad ac yn ei gammol i'r cymylau . . . neu felly y credai wrth frysio sha thre.

Wedi cyrraedd y tŷ, allai e ddim aros hyd y bore i dorri'r newydd da iddi a gwaeddodd arni i godi o'i gwely er ei bod hi'n berfeddion nos. Doedd hi ddim yn fodlon iawn ar gael ei deffro gan ei bod hi'n cysgu'n felys ac yn breuddwydio am yr amser hyfryd hwnnw pan oedd hi'n ferch ifanc yn dawnsio yn Ffair Gŵyr. Cododd yn gyndyn iawn a phan ddaeth i mewn i'r gegin a gweld Idwal yn diferu dŵr dros y llawr, dechreuodd gymhennu'n hallt.

Am sbelen, allai Idwal druan ddim cael ei big i mewn yn unlle. Er mwyn rhoi taw arni, tynnodd y lleuad o'i boced a'i rhoi yn ei holl ogoniant ar ganol y ford.

Cafodd ei fam fraw. Gwelwodd ei hwyneb ac arafodd y ffrwd geiriau.

'Be . . . be . . . th?' gofynnodd.

'Y lleuad,' eglurodd Idwal, yn gwenu'n falch. ''Na shwd wi'n 'lyb. Es i'w nôl hi o waelod pwll Pont y Sticil.'

Wedi cael dod allan o'i chuddfan gyfyng, dechreuodd y belen olau ymledu. Cyn hir, ymestynnai at ymyl y ford, cyn disgyn dros yr ochrau nes cyrraedd at y llawr.

Lledodd llygaid mam Idwal nes eu bod nhw gymaint â soseri a chafodd hyd i'w thafod.

'Y twmffat twp,' gwaeddodd, 'yn twgid gole'r nos . . . Shwd ma ffermwyr Ceredigion yn mynd i ga'l y c'naea dan do cyn iddi fwrw glaw os na allan nhw weithio dan ole'r lleuad? Shwd ma cariadon yn mynd i 'nabod ei gilydd heb leuad? Gallai ambell un ga'l sioc farwol pan ddangosai gole dydd pwy fu yn ei freichie yn ystod y nos. A beth am fwganod ac ysbrydion? Eu gwaith nhw yw dychryn, a shwd allan nhw ddychryn neb pan fydd pobman mor ddu fel na fydd blewyn o gysgod iddyn nhw lechu ynddo na slifryn o ole i ddangos eu hylltod?'

Doedd Idwal yn hidio dim am gynhaeaf ffermwyr Ceredigion. Roedd e'n hidio llai am gadw bwganod ac ysbrydion yn fodlon yn eu gwaith, ond roedd ganddo olwg ar Beti, unig ferch Gruffydd Jones y clochydd. Ac er nad oedd Beti yn arbennig o ddel, roedd hi'n dwt ac yn annwyl dros ben, ac roedd sôn bod ceiniog i wala yn hosan 'rhen Gruff ei thad . . . Wnâi hi ddim mo'r tro iddo fe gamgymryd yn y tywyllwch a rhoi cusan ac addewid i ryw ferch arall . . . ac roedd sawl un fyddai'n ddigon parod i'w fachu, dim ond cael hanner cyfle . . . Trodd ei orfoledd yn bryder.

'Nawr 'te,' meddai'i fam, 'cer â'r hen jaden lachar yn ôl i'r fan lle gest ti hi . . .'

41

Ond roedd Idwal wedi cael siom ac roedd e wedi blino ar ôl yr holl gynnwrf. Welai e ddim bod angen mynd yr holl ffordd yn ôl i Bont y Sticil.

'Yn yr awyr mae 'i lle hi,' meddai. 'Fe alla i ei gollwng hi yn y cefn.'

'Cer â hi ma's o'r gegin, ta p'un,' mynnodd hi. 'Smo fi eisie'r hen beth yn troi nos yn ddydd dan 'y nho i.'

Roedd gan Idwal barch mawr i'w fam. Roedd hi wedi'i arbed laweroedd o weithiau rhag cymryd cam gwag ac fe ildiodd i'w synnwyr hi y tro hwn eto. Rholiodd y lleuad yn belen fach fel o'r blaen, mynd â hi i'r cefn a'i thowlu i fyny â'i holl nerth. Gwelodd y disgleirdeb yn esgyn ac yn esgyn ac yn lledaenu nes bod y lleuad gron, gyfarwydd yn hwylio'r nen unwaith eto fel y dylai. Gydag ochenaid drist trodd yn ei ôl i'r gegin a chael fod ei fam eisoes wedi dychwelyd i'w gwely. Doedd ei gamp ddim wedi gwneud unrhyw argraff arni hi. A dyna pryd y sylweddolodd ei fod wedi colli ei wobr am adrodd yn ogystal! Yn teimlo'n ddigon ffôl a siomedig aeth yntau i'r gwely a chysgu fel ci tan y bore . . .

A phan fyddai rhywun mwy ewn na'i gilydd yn tynnu coes Idwal wrth ddannod iddo fethu'i gam dan ddylanwad cwrw cartre Tafarn y Carw noson Eisteddfod Pontlliw a chael trochiad dros ei ben yn yr afon, byddai'n adrodd y stori hon. Ac roedd e'n bendant ei bod hi'n wir; pob gair ohoni. Onid oedd ei fam yn gwbl wrthwynebus i'r cwrw coch ac wedi ei fagu i droi'i drwyn a'i gefn ar y ddiod, ac onid oedd e'n fab ufudd, ar y cyfan? A doedd wiw i neb ofyn i'w fam am oleuni ar y mater. Gwên fach sur a gâi pawb ganddi hi. Fel pob mam, roedd hi'n 'nabod ei mab yn well nag oedd e erioed wedi tybio!

Mam-gu a'r Lleidr

Doedd neb â llawer o olwg ar yr ymwelydd a ddaeth i aros yn y Persondy. Cefnder pell i'r Person oedd e, yn ôl Hannah Huws a gadwai drefn ar y tŷ ac ar y Person hefyd pan oedd angen, gan fod y truan yn rhy ddiniwed a breuddwydiol i ofalu llawer amdano'i hun. Mishdir Maredudd oedd enw'r gŵr dieithr. Roedd e wedi bod yn byw mewn gwlad bell, meddai Hannah Huws, a'i iechyd wedi torri, a dyna pam iddo ddod at ei berthynas am gyfnod, er mwyn cael cyfle i wella.

Pan gyrhaeddodd yn y pentre gynta, estynnwyd croeso cynnes iddo fel oedd yn weddus i westai a pherthynas y Person. Cafodd wahoddiad i sawl man i gymryd swper. Gobeithiai pawb y byddai ganddo stôr o straeon i'w hadrodd am y wlad bell y bu'n byw ynddi a'r bobl a drigai yno. Ond eu siomi gawson nhw gan mai storïwr sâl oedd Mishdir Maredudd. Doedd ganddo fe ddim i'w ddweud wrth neb am ddim. A pheth arall annymunol yn ei gylch: fyddai e byth yn edrych i wyneb neb wrth ei gyfarch ond heibio i'w glust, a'i lygaid yn symud o hyd fel petai'n dilyn hynt cleren y tu ôl i ben y sawl oedd o'i flaen.

Creadur oeraidd, anghymdeithasol oedd e a dim ond un peth a dynnai ymateb ganddo. Caws oedd hwnnw. Roedd yn dwlu ar gaws a mynnai gael cwlffyn go dda ryw ben o bob pryd bwyd. Y caws hyna, mwya drewllyd oedd orau ganddo a doedd e'n gofidio dim pan oedd llwydni'n drwch drosto. Pe bai e'n digwydd derbyn gwahoddiad i dŷ lle nad oedd y wraig wedi clywed am ei awch at gaws a hithau wedi arlwyo pryd heb estyn ei hoff enllyn i'r ford,

43

doedd dim ots faint o ddanteithion eraill oedd yno ar ei gyfer, pwdai'n bwt ac eistedd yn sorllyd drwy gydol y nos heb yngan gair wrth neb. Y cyfan a wnâi fyddai edrych yn ddirmygus dros ei drwyn hir ar bawb a phopeth. Peth cas oedd hynny a chyn hir, blinodd pawb ar ei wahodd ar ôl i hanes un neu ddau o brydau diflas fynd ar led. Dysgodd Hannah Huws yn glou iawn i gadw cosyn mawr at ei ddant ar un pen i ford y gegin fel y gallai'r ymwelydd helpu'i hun fel y mynnai a phryd y mynnai.

Pawb at ei ffansi, ond roedd gwynt y caws yn gas yng ngwres y gegin. Ac nid dim ond yn y gegin; ble bynnag fyddai Mishdir Maredudd, roedd y gwynt yn ei ddilyn. Glynai wrth ei ddillad ac wrth ei hancesi a'i grysau'n arbennig. A doedd neb yn gwybod hynny'n well na Mam-gu gan taw hi oedd y forwyn fach yn y Persondy ac yn casglu'i ddillad brwnt i'w golchi.

'Wi'n gallu'i wynto fe nawr,' meddai gan grychu'i thrwyn, pan oedd hi'n hen wraig ac wedi 'madael â'r Persondy ers oes pys er mwyn priodi Dad-cu.

A chymryd popeth at ei gilydd, y tawedogrwydd surbwch a'r gwynt cryf a hofrai fel niwl o gwmpas Mishdir Maredudd, doedd neb yn teimlo'n flin iawn pan gyhoeddodd un nos Lun dros ei swper ei fod e'n bwriadu 'madael ar y trên cynta fore Sadwrn. Roedd cwmni yn y Persondy'r noson honno, ond wnaeth neb ei berswadio i aros yn hwy, ddim hyd yn oed o gwrteisi. Ac roedd y Person i'w weld wedi sionci'n rhyfedd ar ôl cael y newydd er na chlywodd neb mohono'n dweud gair yn erbyn ei berthynas nac yn ei feirniadu mewn unrhyw ffordd yn ystod y chwe wythnos hir y bu dan ei do. Ond roedd goddefgarwch y Person yn ddihareb yn y cylch.

Roedd gorsaf i'r rheilffordd yn y pentre bryd hynny, a

phrynhawn dydd Gwener aeth Mishdir Maredudd yno a chodi 'tocyn i fynd cyn belled ag Abertawe. Synnodd Emlyn Jones, clerc yr orsaf, wrth estyn y tocyn iddo, nad oedd am fynd ymhellach ac yntau'r fath deithiwr, ond doedd e ddim o fusnes Emlyn a chan fod pawb yn ddigon bodlon gweld ei gefn, doedd fawr o ots gan neb i ble yr âi.

Ar ei ffordd yn ôl i'r Persondy, galwodd Mishdir Maredudd gyda Tomos y carier i ddweud wrtho am ddod â'i gart i'r Persondy am bump o'r gloch y bore wedyn er mwyn cludo'i focs i'r orsaf gan ei fod e'n bwriadu dal y trên hanner awr wedi chwech.

'Fe alwa i heibio heno,' cynigiodd Tomos; doedd e ddim yn orhoff o godi gyda chaniad y ceiliog. 'Bydd y bocs yn ddiogel yng ngofal Emlyn Stesion dros nos.'

'Na,' arthiodd Mishdir Maredudd, fel petai Tomos wedi cynnig ei grogi, 'bore fory. A phaid â bod yn hwyr.' Brasgamodd i ffwrdd wedi colli'i limpyn yn lân.

Yng nghegin y Persondy, roedd Hannah Huws a Mam-gu yn eistedd o bobtu'r tân yn sgwrsio wrth gyweirio cynfasau gwely.

'Bydda i am i ti roi eitha sgwriad i'r stafell wely ar ôl i Mishdir Maredudd fynd fory,' meddai Hannah Huws. 'Agor y ffenestri a chael tipyn o awyr iach drwyddi, cŵyr lafant ar y celfi a golchi dillad y gwely a'r cyrtens er mwyn cael gwared ar ei wynt e a phob atgof amdano. Ych, does 'da fi gynnig i'r sgerbwd.'

Doedd gan Mam-gu fawr i'w ddweud o'i blaid chwaith. Yn ystod yr wythnosau y bu'n byw yno, roddodd e ddim diolch iddi unwaith am ddim a wnaethai drosto, dim ond derbyn pob gwasanaeth fel petai ganddo berffaith hawl iddo. Mor wahanol i'r hen Berson a oedd yn talu'i chyflog hi. Byddai e'n diolch yn fonheddig am bopeth, hyd yn oed am gael ei gwên hi ar fore llwyd. Ond doedd hi ddim yn croesawu'r gwaith ychwanegol ar fore Sadwrn chwaith gan fod ganddi ganiatâd i fynd adre at ei theulu bob prynhawn Sadwrn os llwyddai i orffen ei gwaith mewn pryd. A'i gwaith pwysica ar fore Sadwrn oedd cymoni o gwmpas yr allor yn yr eglwys a rhoi sglein ar lestri'r cymun a'u trefnu'n barod at y Sul, a doedd dim modd gadael hynny tan ddydd Llun.

A doedd wiw iddi hi ofyn i Hannah Huws newid ei meddwl ynglŷn â glanhau'r stafell. Os mai bore Sadwrn a bennwyd ganddi hi, bore Sadwrn fyddai hi.

Rhaid fod Hannah Huws wedi sylwi ar ei diffyg brwdfrydedd. 'Beth sy'n dy bigo di?' gofynnodd ac yna sylweddolodd, 'O ie, eisie mynd adre prynhawn fory wyt ti, a'r llestri cymun i'w gosod.'

Nodiodd Mam-gu.

'Wel,' meddai Hannah Huws, yn ei hwyliau gorau am fod y bwgan yn 'madael, 'pam nad ei di i'r eglwys a gwneud be sy 'da ti i'w wneud yno heno? Does dim yn disgwyl wrthot ti fan hyn rhwng nawr ac amser swper a fydd hi ddim yn dywyll am awr eto. Gad y gynfas honno am y tro . . .'

Doedd dim angen iddi hi ddweud ddwywaith. Rholiodd Mam-gu'r gynfas a rhoi'i nodydd a'i gwniadur i gadw. Estynnodd y bwndel allweddi oedd yn cael eu cadw ar fachyn yn y lobi. Gwisgodd ei siôl, cymryd ei basged a'r clytiau codi llwch a chaboli, a bant â hi drwy'r fynwent, cyn i Hannah Huws dynnu ei hanadl yn iawn.

I'r festri yr aeth Mam-gu yn gynta. Hen stafell dywyll oedd y festri ar ei gorau ac yn llawn arogleuon; arogleuon lleithder, hen lyfrau, lledr a llwch. Roedd Mam-gu'n hen gyfarwydd ag aroglau'r festri a doedd hi ddim yn ei gasáu

46

o gwbl. Ond heno, wrth dynnu'i gwynt, amheuodd fod yno aroglau dieithr yn hofran ymysg y gymysgfa arferol. Aroglau pydredd . . . llygoden wedi marw mewn rhyw gongl, falle. Âi i chwilio wedi gorffen â llestri'r cymun. Estynnodd yr allwedd i agor y cwpwrdd lle'u cedwid. Agorodd y drws derw ac edrych i mewn a chael y fath fraw nes i'w chalon ddechrau pwnio'n boenus yn erbyn ei hasennau a'i llygaid sefyll fel marblys allan o'i phenglog.

Doedd y llestri arian trwm ddim yno. Rhedodd ei llaw ar hyd y silffoedd rhag ofn bod rhyw aflwydd ar ei llygaid ac mai ffaelu gweld oedd hi, ond na, roedd y cwpwrdd yn wag; y piser hardd â'i addurniadau cain a ddaliai'r gwin; y plât prydferth i ddal y bara . . . ym mhle'r oedden nhw?

Oedd y Person wedi mynd â nhw i rywle, tybed? Heb sôn gair wrth neb? Na. Wnâi e mo hynny a doedd ganddo ddim rheswm dros wneud, ta beth. Pwy 'te? Doedd ond un ateb. Lleidr! Parodd yr awgrym iddi hi golli'i gwynt, ond ar yr un pryd adnabu'r aroglau treiddgar oedd yn peri i'w thrwyn dwitsian. Gwynt caws cryf. Heb os nac oni bai, roedd e, Mishdir Maredudd wedi bod yn y festri! A pha fusnes oedd gyda fe yn y cwpwrdd lle cedwid y llestri gwerthfawr? Doedd e ddim y siort fyddai'n eu glanhau nhw fel syrpreis bach iddi hi ac roedd e'n 'madael bore fory ar y trên cynnar, ta beth . . . Fu Mam-gu ddim yn hir cyn rhoi dau a dau at ei gilydd a gwneud pedwar taclus ohonyn nhw. Mishdir Maredudd oedd y lleidr ac roedd e wedi twgyd llestri'r cymun . . . y cnaf digywilydd . . .

Beth oedd i'w wneud? Ei bwriad cynta oedd rhedeg yn ôl i'r tŷ a'i gyhuddo. Ond petrusodd. Beth pe bai'n gwadu a'i herio i brofi'r cyhuddiad? Doedd gyda hi ddim mwy o brawf dros ei ddrwgdybio nag aroglau cryf, a gallai chwa o wynt chwalu hwnnw yn y man. A phe baen nhw'n chwilio a'r llestri'n cael eu darganfod yn ei feddiant, byddai'r fath warth yn disgyn ar yr hen Berson annwyl a charedig—ei berthynas e'i hun a fu'n westai iddo ac yn cysgu dan ei do yn euog o ddwyn trysorau'r plwy! Allai hi ddim meddwl am wthio'r fath brofiad chwerw arno.

Eisteddodd ar ymyl un o'r meinciau i ystyried; doedd dim diben mewn mynd ati i gymoni o gwmpas yr allor a'r llestri cymun yn eisiau. Doedd dim diben mewn oedi yn y festri chwaith. Doedd dim allai hi ei wneud fan'na; câi well cyfle yn y tŷ . . .

Cododd oddi ar y fainc wedi penderfynu ceisio dwyn y llestri yn ôl. Fyddai hynny ddim yn hawdd ond, er mwyn y Person, roedd yn fodlon mentro. Aeth yn ei hôl i'r Persondy a'i chamau'n llai sionc nag oedden nhw pan ddaeth hi o 'na chwarter awr ynghynt.

Wrth fynd â'r allweddi i'r lobi, sylwodd ar focs Mishdir Maredudd ar ganol y llawr, eisoes wedi'i gario i lawr o'r llofft yn barod i Tomos ei nôl ben bore trannoeth . . . Yn hwnnw yr oedd y llestri arian, âi ar ei llw, a chan ei fod e ar y llawr byddai hynny'n hwyluso pethau iddi hi. Llygadodd y clo mawr oedd arno a rhoi cynnig ar godi'r clawr. Fel yr oedd hi'n disgwyl, roedd e wedi'i gloi'n sownd ond doedd hi ddim gwaeth o gynnig.

Yn lle mynd yn syth at Hannah Huws i'r gegin, rhoddodd ei llygad wrth dwll clo'r parlwr a gweld y Person yn eistedd un ochr i'r tân a thraed Mishdir Maredudd yn ei slipanau melfed yn pwyso ar yr aelwyd. Allai hi ddim gweld ei gorff, ond roedd hynny a welai'n ddigon i'w sicrhau ei fod e'n ddiogel a ddim yn debyg o symud am ysbaid. Felly, i fyny â hi fel chwip i'w stafell wely e â'i bryd ar gipio'r allwedd a welsai ar y gist ddreir sawl tro wrth gymoni. Ond doedd dim golwg ohoni. Teimlai'n siomedig ond roedd gweld ei cholli yn cadarnhau ei drwgdybiaeth. Wrth gwrs y byddai'r sglyfaeth yn cadw gofal o'r allwedd y noson honno! Roedd allwedd y stafell yn dal yn y drws a chymerodd honno, rhag ofn iddo benderfynu cloi'i stafell cyn mynd i'w wely—ac roedd hithau am ddod yno yn ei hôl, yn nes ymlaen.

I lawr â hi wedyn yn ddiniwed reit i'r gegin.

'Rwyt ti'n ôl yn gynnar,' oedd croeso Hannah Huws. 'Fe ddoist i ben yn sydyn.'

'Wel, naddo,' cyffesodd Mam-gu. 'Smo fi wedi dechre ar y llestri. Mae'n rhy dywyll yn y festri 'na i mi weld dim.'

'Ho, ho,' chwarddodd y wraig hŷn, 'dwyt ti ddim yn gweud bod ofon arnot ti?'

'Tipyn bach falle,' cytunodd Mam-gu, ond eglurodd hi ddim beth a gododd yr ofn arni. Doedd Hannah Huws ddim yn un dda am gadw cyfrinach.

Am hanner awr wedi wyth aeth Mam-gu i'w gwely dan yr esgus ei bod hi eisiau codi'n gynnar iawn y bore wedyn.

'Dyna ti,' meddai Hannah Huws oedd yn ddigon caredig yn y bôn, 'fe dendia i os bydd angen rhywbeth arnyn nhw eto.'

I fyny'r grisiau cefn ac i'w llofft fach yr aeth Mam-gu. Ond heno thynnodd hi ddim amdani, ond gorwedd yn ei dillad ar y gwely a cheisio ymlacio; gwaith digon anodd a'i synhwyrau i gyd yn effro a'i meddwl yn gweithio fel melin bupur.

Ymhen hir a hwyr, clywodd Hannah Huws yn mynd i'w gwely am y wal â hi. Roedd hynny'n arwydd sicr fod y Person a'i westai wedi troi i'w llofftydd yn nhu blaen y tŷ.

Arhosodd am ysbaid eto er mwyn rhoi cyfle i bawb gysgu ac yna mentrodd allan.

Roedd yn dywyll fel y fagddu yng nghrombil yr hen dŷ, ond roedd Mam-gu wedi sgwrio a chaboli pob modfedd o'r llawr a phob celficyn yn y lle o dan lygad barcud Hannah Huws ddegau o weithiau, ac roedd yn gwbl sicr o'i cham a phetrusodd hi ddim. Y weithred ysgeler oedd o'i blaen a barai i'w hanadl lynu yn ei gwddf ac i'w chalon guro fel drwm mewn carnifal.

Cripiodd heibio i ddrws y Person a sŵn ei chwyrnu'n cyhoeddi i'r byd fod ei long e wedi glanio'n ddiogel ar benrhyn cwsg. Gwrandawodd am eiliad wrth ddrws Mishdir Maredudd. Doedd e ddim yn chwyrnu. Rhoddodd ei llygad wrth dwll y clo. Tywynnai rhyw fymryn o olau'r sêr i mewn drwy'r ffenest a gallai hi weld y lwmpyn du yn y gwely'n codi a gostwng yn rheolaidd. Roedd hynny'n ddigon i'w chalonogi i ddal ati.

Trodd fwlyn y drws yn araf a llithro i mewn drwy'r agen gulaf bosib fel gwenci fach o ysgafn. Gan ddal ei hanadl aeth ar flaenau'i thraed draw at y gist ddreir lle cadwai'r bwgan yr allwedd, fel arfer. Rhedodd ei llaw dros y fugeiles tsieni a'r ddwy ddesgl fach wydr. Roedd ychydig o arian mân ar y lliain hefyd ond doedd dim allwedd yno. Llyncodd ei siom a mentro at y ford fach wrth erchwyn y gwely—jwg o ddŵr a gwydryn, wats a chadwyn a dyna i gyd. O'r annwyl! Ymhle'r oedd allwedd y bocs?

Trodd i edrych yn ddig ar y lwmpyn yn y gwely a bron fel petai e'n synhwyro fod rhywun yn ei wylio, trodd ar ei ochr a mwmian drwy'i gwsg. Rhewodd Mam-gu am eiliad ac yna'i thynnu'i hun i gysgod y wardrob, a da iddi hi wneud hefyd gan i Mishdir Maredudd godi ar ei eistedd a chraffu o'i gwmpas. 'Na, na,' murmurodd, cyn ystwytho'i hun dan y flanced unwaith eto.

Ond ymhle y cadwai'r allwedd? Os oedd dan y gobennydd, yna roedd ei chynllun yn ffradach. Fyddai dim amdani ond ei herio bore fory a gobeithio'r gorau . . . Ond, yno yn y tywyllwch, dechreuodd hen syniadau cas gyniwair drwy'i meddwl—pe bai hi'n ei gyhuddo ar gam beth fyddai'n digwydd iddi *hi*? A beth ddigwyddai pe bai hi'n cael ei dal heno'n crwydro lle na ddylai hi fod? Yn ei chynnwrf, doedd hi ddim wedi ystyried hynny o'r blaen. Colli'i gwaith a wnâi a chael ei throi o'r Persondy heb garictor. Gwanychodd. Y peth calla iddi hi ei wneud oedd troi'n ôl i'w gwely ac anghofio pob dim am lestri'r cymun . . . Wrth feddwl am lestri'r cymun, ymwrolodd. Hi oedd wedi darganfod eu colli. Ei lle hi oedd mentro i'w cael yn ôl.

Cymerodd anadl ddofn a chraffu o'i chwmpas. Roedd yn rhaid iddi hi gyfadde fod Mishdir Maredudd yn ddyn taclus iawn. Roedd wedi plygu'i ddillad isa'n dwt a'u rhoi ar gefn y gadair ac roedd ei ddillad ucha wedi'u cadw yn y wardrob. A! cafodd syniad, falle fod Mishdir Maredudd wedi anghofio cymryd yr allwedd o'i boced wrth dynnu amdano. Roedd e a'r Person wedi galw am ddwy botel o win panas i ddathlu'r ffarwelio, ac roedd gwin panas yn dueddol o beri i ddyn anghofio . . .

Yn ddistaw bach, agorodd Mam-gu'r wardrob. Roedd côt, gwasgod a thrywsus yn hongian yno. Gwaith eiliad oedd iddi hi fynd drwy'r pocedi a chael ei siomi. Ond wedi mentro cymaint ni fynnai ildio. Aeth o bilyn i bilyn eto ac yn fwy gofalus y tro hwn. Ac fe gafodd hyd i boced gyfrinachol a wnïwyd yn mlaen y trywsus jyst dan y wasg.

Roedd botwm yn cau'r boced ond gwaith bach oedd datod honno. Bu bron iddi hi weiddi'i llawenydd pan dynnodd allwedd allan. Roedd hi'n teimlo'i chorff yn twymo ac oeri bob yn ail yn ei chyffro. Caeodd y wardrob yn ddistaw a ma's â hi i'r landin yn glou. Fynnai hi ddim cael ei dal nawr a hithau mor agos at lwyddo.

I lawr y grisiau blaen â hi fel cysgod. Gwichiodd ambell ris dan ei throed, ond doedd hynny ddim yn debyg o ddarfu ar neb gan fod yr hen dŷ yn llawn o ochneidiau a gwichiadau anesboniadwy yn ystod y nos. Cyrhaeddodd y lobi'n ddiogel. Roedd yn dywyllach yno nag yn y llofft oherwydd un ffenest fach yn unig oedd uwchben y drws. Ymddangosai honno'n glwt goleuach na'r wal o'i chwmpas ond thywynnai fawr o olau drwyddi. Roedd yn dda fod y forwyn fach yn gyfarwydd â phob cnwc a chornel.

Gweddïodd am lwyddiant wrth wthio'r allwedd i glo'r bocs ac ochneidio'i rhyddhad pan drodd heb wich. Mewn chwinciad chwannen roedd y clawr wedi'i godi a Mam-gu'n ymbalfalu mor ofalus â phosib rhwng y dillad a blygwyd mor drefnus. Fynnai hi ddim twmblo pethau'n ormodol.

Cafodd hyd i'r piser gynta, ac wrth i'w bysedd gau o gwmpas y siâp lletchwith clywodd orfoledd yn tonni dan ei bron. Tynnodd e ma's a'i roi ar lawr. Bu tipyn yn hwy yn cael hyd i'r plât gan fod y siâp fflat yn haws i'w guddio, ond wrth chwilio amdano darganfu sawl peth arall; tair llwy, llestr dal halen a dwy ddelw fach. Roedd yn eu hadnabod i gyd gan taw ei dyletswydd hi oedd glanhau'r pethau arian, a hynny bob yn ail ddydd Mawrth yn rheolaidd.

52

Wedi ail gloi'r bocs, bu'n brysur iawn. Yn gynta, rhoddodd y pethau bach yn ôl yn eu lle yn y tŷ. Ac yna, er mor hwyr oedd hi, aeth â'r llestri cymun yn ôl i'r festri gan obeithio y câi'i gwarchod rhag ysbrydion y nos gan ei rhinwedd. Yn goron ar y cyfan, llwyddodd i roi allwedd y bocs yn ôl yn y boced gudd yn nhrywsus Mishdir Maredudd. Fyddai gydag e ddim achos i amau dim yn y bore. Wedi hynny i gyd, aeth i'w gwely a chysgu'n drwm.

Bu bron iddi hi gysgu'n hwyr fore Sadwrn, a chart Tomos yn crensian ar raean y llwybr o flaen y tŷ a'i deffrôdd. Taflodd gôt dros ei gŵn nos a mynd i lawr ar frys i agor y drws i'r carier. Cododd baich oddi ar ei hysgwyddau pan welodd Tomos yn llwytho'r bocs i'r cart. Tuchai e ddigon wrth ei godi, ond wyddai e ddim cymaint trymach a fyddai pe na bai am ei hantur ganol nos hi. Bant ag e heb ddrwgdybio dim.

Wnaeth Mishdir Maredudd ddim drwgdybio dim chwaith. Ar ôl cymryd brecwast cynnar, ffarweliodd â'r Person yn y lobi, gan siglo'i law a diolch iddo am ei groeso. A dyna'r tro cynta i Mam-gu ei weld e'n gwenu ers iddo gyrraedd chwe wythnos yn ôl.

A fyddai'n dal i wenu wedi cyrraedd pen ei siwrne, meddyliodd—a darganfod ei golled? Yn sicr, roedd siom yn ei aros. Allai Mam-gu ddim llai na gwenu hefyd er iddi hi ffaelu â gorffen ei gwaith mewn pryd i fynd adre'r prynhawn hwnnw.

Chlywodd neb ddim mwy am Mishdir Maredudd a fu neb yn holi'i hynt, a chyn hir anghofiodd pawb amdano, pawb heblaw am Mam-gu.

A murmurodd hi 'run gair wrth neb amdano ef na'i anfadwaith nes i ni blant ei phoeni am stori, flynyddoedd wedyn. Roedd yr hen Berson wedi hir fynd at ei wobr

53

erbyn hynny, a hithau'n hyderus na fyddai'r hanes yn debyg o daflu gwarth ar ei goffadwriaeth.

Ond ar ôl y fath helynt, fu ganddi hi fyth lawer o archwaeth at gaws a fyddai hi ddim yn ei hwpo arnon ni chwaith. Rhag ofn i ni droi'n lladron, falle, a chael ein dal oherwydd ei wynt e, fel Mishdir Maredudd gynt.

Ysbryd y Rheilffordd

Hen lanc oedd Siôn Puw yn byw ar ei ben ei hun mewn bwthyn unnos a gododd ei dad-cu ar y cetyn hwnnw o'r comin oedd rhwng y rheilffordd a'r afon. Roedd gydag e bripsyn bach o ardd lle codai ychydig o lysiau a thato; digon at ei iws ei hun gan adael peth dros ben i'w gwerthu yn siop y pentre. Roedd ganddo fuwch hefyd yn pori ar y comin a saith o ieir. Yr ychydig geiniogach a enillai oddi wrth ei gnydau prin a'i stoc brinnach ac o helpu ffermwyr mwy cefnog nag e ar adegau prysur a'i cynhaliai. A chan na chafodd gyfle erioed i ddysgu bod yn farus, llwyddodd i gadw to ar ei fwthyn, pilyn ar ei gefn a thamaid yn ei fola.

Tipyn o bagan oedd Siôn a thywyllodd e ddim drws lle o addoliad yn ei fywyd, er i sawl un alw heibio i'w fam pan oedd e'n blentyn i bwyso arni ei ddanfon i'r ysgol Sul—er lles y bachgen. Gwenai a rhyw hanner addo, ond laniodd Siôn fyth mewn festri na llan na chapel. Ac er i'r saint lleol ei fygwth â phenyd tragwyddol am ei esgeulustod ar ôl iddo dyfu i'w oed a'i synnwyr, gwenu'n swil a wnâi a honni, o dan bwysau, fod y Brenin Mawr ac e yn deall ei gilydd. Gan nad oedd symud arno, bu'n rhaid i'r mwya eiddgar dderbyn y drefn yn y diwedd a chyfadde na chafodd neb le i gwyno ar foesau Siôn, er gwaetha'i styfnigrwydd ynglŷn â mynychu'r oedfaon. Er mor dlawd oedd, roedd e mor ddibynadwy ei air a'i weithred â'r barnwr mwya cyfrifol yn y wlad.

Mwya'r syndod felly pan ddechreuodd Siôn daenu straeon ar hyd ac ar led am ysbryd yn pwyso ar ei gaib yn ymyl y fan lle croesai yntau'r cledrau ar ei ffordd i'r pentre. Ysbryd mewn trywsus melfaréd, crys gwlanen lwyd a hances goch a gwyn am ei wddf.

'Un o'r hen nafis fu'n cloddio'r rheilffordd,' mynnai'n bendant, 'a'r cr'adur mwya serchus yn y byd; bob amser â gwên i mi wrth i mi fynd heibio iddo . . .'

Chwerthin am ei ben yr oedd pobl ar y dechrau. Pwy erioed a glywodd am ysbryd yn ymddangos gefn dydd golau? Dal at ei stori a wnâi Siôn yn wyneb pob dirmyg, ac fe ddechreuodd un neu ddwy o'r merched amau fod rhywbeth yn yr hanes a mynd â'u pryderon at y Person. Cysurai yntau nhw a'u hargyhoeddi mai ofergoeliaeth noeth oedd unrhyw sôn a siarad am ysbrydion.

Gŵr cydwybodol oedd y Person ac er na fyddai Siôn yn mynychu gwasanaethau'r eglwys ac er na chafodd ei fedyddio erioed, roedd yn un o'r plwyfolion, a gresynai'r gwrda wrth feddwl am y truan yn peryglu'i enaid tra-gwyddol trwy ddweud celwydd. Nid fod celwydd yn gwbl ddieithr i'r Person. Byddai ambell un yn 'mestyn ar stori ambell waith er mwyn creu effaith, a gellid maddau hynny, a byddai rhai'n dweud anwiredd i osgoi cosb a rhaid fyddai eu cymhennu nhw'n garedig. Ond doedd dim elw i neb na synnwyr yn y byd mewn mynnu bod 'na ysbryd ar y rheilffordd . . . Teimlai ei bod yn ddyletswydd arno fel offeiriad i rybuddio Siôn rhag y fath gamwri ffôl.

Y tro nesa yr aeth Siôn i'r pentre i siopa, roedd y Person yn aros amdano wrth gât y fynwent. Cymhennodd e'n hallt am daenu straeon celwyddog. Safai Siôn yn benisel a golwg edifeiriol iawn arno tra oedd y Person wrthi'n ei ddwrdio, ond pan ofynnodd yr offeiriad iddo gyfadde mai stori wneud oedd stori'r bwgan, siglodd ei ben.

'Na,' meddai'n daer, 'mae e yno, gan amla yn pwyso ar ei gaib yn cymryd sbel fach ond rwy i wedi'i weld e'n gweithio hefyd ac yn towlu'r pridd dros ei ysgwydd; yn plygu ac yn codi'n rheolaidd fel rhywun cyfarwydd â gwaith caib a rhaw.'

Bu'n rhaid i'r Person dewi am y tro a chafodd taerineb Siôn effaith ar fwy a mwy o bobl.

'Falle fod 'na rywun yno,' medden nhw wrth ei gilydd, 'rhywun yn bwriadu drygioni . . .'

Casglodd rhai o'r gwŷr mwya cyfrifol at ei gilydd, a'r Person yn eu plith, gyda'r bwriad o roi prawf ar y stori. Cymerodd pob un ei dro i ddilyn Siôn yn llechwraidd pan fyddai'n mynd sha thre, er mwyn gweld beth a welai. Buon nhw wrthi am fis a neb ohonyn nhw'n gweld dim er fod Siôn ei hun yn taeru iddo weld y nafi bump o weithiau'r mis hwnnw.

'Prawf pendant ei fod e'n dweud celwydd,' cyhoeddodd y Person. 'Beth sydd i'w ddisgwyl gan druan na chafodd fendith crefydd yn ei ddyddie cynnar? Mae gyda ni oll le i ddiolch am ofal rhieni da . . .'

Ond doedd pawb ddim o'r un farn â'r Person. Roedden nhw'n 'nabod Siôn yn dda. Doedd creu stori er mwyn codi helynt ddim yn gydnaws â'i gymeriad e, ac fe gofiodd sawl un am hanes un o'r nafis a fu'n agor y ffordd i osod y cledrau yn cael ei ladd pan gwympodd ochrau'r ffos arno a'i gladdu. Oedd hwnnw'n dal i droi'n ôl at fan ei dranc?

Cynyddodd ofnau'r rhai hygoelus a gobeithiai'r lleill y byddai Siôn yn anghofio'r ffwlbri cyn hir—ond wnaeth e ddim. Bob dau neu dri diwrnod, wrth nôl torth o'r siop neu gyrchu hanner dwsin o wyau yno i'w gwerthu, cyfeiriai at yr ysbryd. 'Roedd *e* yno'r bore 'ma 'to,' gyda phwyslais awgrymog ar yr *e*.

'Cymerwch arnoch ei gredu; dyw e'n neud dim drwg,' cynghorai un.

'Byw ar ei ben ei hun mae e a'i ddychymyg yn cael cyfle i'w dwyllo,' awgrymai un arall.

'Ymgais i dynnu sylw ato'i hun,' oedd barn y llall.

Ond byddai'r mamau'n cadw'r plant rhag mynd i chwarae ar y comin, a doedd neb yn awyddus iawn i grwydro ar hyd y lein. Er gwaetha'r wfftio, roedd amheuaeth dan yr wyneb a pherygl i ofergoeliaeth fynd yn rhemp drwy'r pentre. Ffieiddiai'r Person y fath hygoeledd disynnwyr. Pryderai wrth weld ei braidd yn llithro i grafangau coelgrefydd hurt. Ofnai na fyddai'n stopio gyda chelwydd bach am ysbryd, ond yn troi at witsio a swyno a phob math o ddiawledigrwydd fel'na. Beth allai e ei wneud? Roedd e wedi siarad â Siôn yn barod ond i ddim diben, a doedd ganddo ddim gobaith o'i fygwth. Fyddai e ddim yn deall bygythiad . . . Gwenu a wnâi a dal yn ei flaen . . . Bu'r Person yn crafu'i ben am amser hir ac o'r diwedd penderfynodd beth i'w wneud. Os oedd Siôn yn honni ei fod e'n gweld ysbryd, yna fe gâi e weld ysbryd—a chael braw gwirioneddol a roddai daw ar ei nonsens am byth.

Yn gyfrwys iawn, benthycodd y Person drywsus melfaréd, crys gwlanen, hances goch a gwyn a het galed. Methodd â benthyca pâr atebol o sgidie trwm oherwydd fod pawb yn gwisgo'u sgidie i weithio ynddyn nhw yn ystod y dydd—ac yn ystod y dydd y gwelai Siôn yr ysbryd, neu felly yr honnai. Gwnaeth y Person yn siŵr fod ganddo gaib hefyd a chuddiodd y cyfan yn y sied ym mhen pella'r berllan. Fyddai dim diben iddo eu cadw yn y tŷ oherwydd y byddai Hannah Huws yn siŵr o'i holi yn eu cylch. Doedd e ddim am ddisgyn i'r pwll celwyddog ei

58

hun, a wiw iddo ddweud y gwir wrthi neu fe fyddai hanner y pentre'n gwybod beth oedd ar gerdded ymhen awr a Siôn yn siŵr o gael ei rybuddio. Felly, y sied amdani.

Prynhawn dydd Iau a phob dim yn barod ganddo, pwysodd y Person ar wal y fynwent yn cadw llygad am Siôn. Pan welodd e'n hercian heibio i'r siop, brysiodd i'r sied a chyfnewid ei ddu parchus am y dillad benthyg. Tynnodd yr het yn isel dros ei dalcen. Ysgwyddodd y gaib. Neidiodd dros wal gefn y fynwent er mwyn osgoi'r pentre a'r bobl a'i throedio hi'n fân ac yn fuan i lawr at y rheilffordd.

Roedd yn ddiwrnod braf ac wedi cyrraedd, dewisodd fan cyfleus i orwedd â'i gefn yn erbyn y clawdd tra'n aros am Siôn. I beth yr âi i chwysu wrth gloddio a neb yno i'w weld? Ymlaciodd yn yr haul cynnes gan fwynhau oglau melys y meillion yn ei drwyn a suo undonog y pryfed mân wrth hel y neithdar.

Treuliodd Siôn fwy o amser nag arfer yn y pentre'r diwrnod hwnnw, a chyn bo hir dechreuodd y Person hepian ac ymhen dim roedd e'n cysgu'n drwm a'i chwyrnu'n boddi murmur y pryfed.

Cafodd ei ddeffro'n ddisymwth gan gic caled yn ei asennau a llais cras yn gweiddi uwch ei ben, 'Ar dy draed y diogyn, deffra neu fe ddaw'r cyfan i lawr am dy ben.'

Ddeallodd e ddim lle'r oedd am eiliad, ond wedi agor ei lygaid a gweld cymar iddo mewn crys llwyd a hances goch a gwyn am ei wddf yn bytheirio o'i flaen a chlywed sŵn cloddio o'i gwmpas, daeth y cyfan i'w gof. Neidiodd ar ei draed, ond yn lle aros i ddadlau â'r giaffer, rhedodd gyflymed ag y symudai'i goesau yn ôl i gyfeiriad y pentre. Doedd dim ots ganddo pwy a'i gwelai. Ymestyn y ffordd rhyngddo fe a'r rheilffordd oedd ucha'n ei fryd.

Aeth heibio i Siôn yn linc loncian tuag adre, heb arafu digon i ddymuno 'Prynhawn da,' cymdogol iddo ond anelu ar lwybr tarw yn ôl at y fynwent a'r ffordd gefn i'r Persondy. Trodd Siôn i edrych ar ei ôl gan ryfeddu wrth weld yr ysbryd yn carlamu heibio iddo mor anghwrtais o gyflym. Gwyliodd nes i lwyn o goed cyll ei guddio o'i olwg ac yna aeth yn ei flaen, heb adael i'r peth chwarae ar ei feddwl; dirgelwch iddo oedd llawer o weithgareddau pobl eraill, yn fyw neu'n farw.

Daeth at y rheilffordd a'i chroesi. Sylwodd ar y gaib yn gorwedd yn y ffos yn ymyl y cledrau. Caib ddim gwaeth na newydd. Cododd hi a mynd â hi adre gydag e. Y diwrnod wedyn, roedd yn holi yn y siop ynglŷn â lle'r aeth yr ysbryd ac yn synnu wrth glywed na welodd neb mo'r ddrychiolaeth heblaw amdano ef.

'Os digwydd iddo ddod heibio rywbryd,' meddai'n ddifrifol, 'dwedwch wrtho fod ei gaib e'n saff 'da fi ac os yw e am ei chael hi'n ôl, dim ond iddo alw yn Tŷ Isa ac fe'i caiff ar unwaith . . .'

Fu gan y Person ddim mo'r galon i'w oleuo nac i hawlio'i eiddo'i hun. Er gwaetha'i goler gron, fe gafodd e dipyn o sioc y prynhawn hwnnw. A phe bai rhywun yn amau gair Siôn wedi hynny, neu yn tueddu i'w gymryd yn ysgafn, y Person fyddai'r cynta i achub ei gam gan fynnu nad oedd neb mor eirwir â Siôn Tŷ Isa yn y plwy i gyd.

Y Wyrth

Roedd yr haf ar ôl i Mam-gu 'madael â'r Persondy a phriodi Dad-cu yn un anarferol o sych. Wnaeth hi ddim bwrw glaw am wythnosau . . . nage wir, misoedd, ddim o ganol mis Ebrill hyd ddechrau Medi. Diwedd mis Awst a'r glaswellt yn grimp a melyn, tasgodd gwreichionyn o'r bocs dan fwyler y trên deng munud wedi naw yn y bore a chychwyn tân ar ochr y lein. Doedd tân bach ar ochr y lein ddim yn beth anghyffredin. Byddai gwreichion yn tasgu bob dydd, ac ambell un yn codi fflam, ond fe fyddai'n diffodd cyn ymledu'n bell iawn a chyn gwneud unrhyw ddrwg. Ond y tro hwn roedd pobman mor sych nes i'r fflamau afael yn dda, gan droi'n ffagal. Fel roedd hi'n digwydd bod, roedd 'na 'chydig o awel yn chwythu o'r de ac ymestynnodd y fflamau at y tir comin rhwng y lein a'r pentre gan beryglu bwthyn Siôn Puw a sgubor fferm Coed Saeson.

Owen Shincyn a'u gwelodd a chodi stŵr. Roedd e wedi bod yn pysgota ac yn dod yn ei ôl dros y caeau â phump o frithyll bach pert yn hongian wrth ei wialen. Rowndiodd foncyn Cae Top a gwelodd y mwg a'r fflamau'n nesu at fwthyn Siôn. Cafodd y brithyll fynd. Rhoddodd Owen ei draed i'r tir a rhedeg am y pentre'n gweiddi nerth ei ben.

Erbyn iddo gyrraedd, roedd sawl un arall wedi deall nad tân siafins oedd hwn, a chyn pen pum munud roedd pob un o'r gwŷr ifainc, heblaw am y rhai oedd yn gweithio shifft y bore yng ngwaith glo Berthlwyd, wedi casglu at ei gilydd ymhen y llwybr a arweiniai lawr at y comin, pob un a sgubell neu bâl ar ei ysgwydd.

Bryd hynny, doedd dim injan dân yn agosach nag Abertawe a dim ffôn i rybuddio'r dynion tân beth oedd yn digwydd beth bynnag. Roedd pobl y pentre wedi hen ddysgu dibynnu arnyn nhw'u hunain mewn argyfwng.

Lawr â'r criw bach at y comin a Dad-cu yn ŵr ifanc newydd briodi yn dalog yn eu plith. Pan alwodd heibio i'r gegin a'i bâl ar ei ysgwydd i ddwaed wrth Mam-gu ei fod e'n mynd, edrychai mor gryf a dewr nes iddi bron â theimlo y byddai'r tân yn diffodd dim ond iddo boeri arno.

Ond yn nes ymlaen, ymhen chwarter awr, pan aeth i edrych drwy ffenest y llofft gefn a gweld y cymylau du a llwyd yn bolio i'r awyr a'r fflamau'n codi a disgyn yn goch a melyn, doedd hi ddim mor siŵr. Roedd golwg mor fregus ar y criw bach o ddynion . . . a mynnai ei bod hi'n adnabod Dad-cu hyd yn oed o'r pellter hwnnw.

'Roedd 'da fe ffordd o ddal ei sgwydde oedd yn wahanol i bawb arall,' meddai pan oedd hi'n hen wraig, a gwenu'n swil wrth ei gofio.

Gwyliodd nes i'r dynion ddiflannu i ganol y cymylau o fwg ac yna aeth i lawr i'r gegin ac ailgydio yn ei gwaith. Fynnai hi ddim cydnabod hynny, ond roedd ofn arni.

'O Dduw,' gweddïodd dan ei hanadl, 'cadwa nhw'n saff.'

Lawr wrth y tân, trefnodd Owen ei ddynion yn un llinell hir a'u harwain yn wyliadwrus at ymylon y rhes fflamau. Bu'n rhaid iddyn nhw glymu sgarff neu hances dros eu trwynau a'u pennau er mwyn lliniaru rhyw faint ar effaith y mwg, ond allen nhw wneud dim i arbed eu llygaid oedd yn llosgi a dyfrio'n boenus. Ond er gwaetha hynny, fe aethon nhw ati'n egnïol i guro'r fflamau bach oedd fel tonnau'r môr pan fyddan nhw'n rhedeg i fyny'r traeth; pawb yn gweithio fel injan stêm gan ganolbwyntio ar y stribyn o'i flaen a'i wthio'n ôl fesul modfedd a throedfedd. Roedd 'na wres dychrynllyd a phawb yn chwysu chwartiau. Bu'n rhaid i Siaci Bach gilio gan fod y mwg yn effeithio ar ei frest, a thuedd asma ar y truan. Ond yn araf bach roedden nhw'n llwyddo, neu felly yr oedden nhw'n credu nes i Owen sythu'i gefn am eiliad a chymryd cip ar hyd y rhes, i geisio dyfalu faint o waith oedd ar ôl. Cafodd fraw oedd yn ddigon i sychu'r poer yn ei ben. Er eu bod nhw wedi llwyddo i wthio'r tân yn ôl rywfaint mewn un man, roedd y fflamau wedi rhedeg a throi mewn cylch o'u cwmpas. Doedd dim ond un bwlch cul rhwng y ddau ben a'r fflamau'n prysur gau at ei gilydd a nhwythau yn y canol . . .

Gwlychodd Owen ei wefus. 'Rhedwch, bois,' crawciodd a thynnu sylw'r lleill at y cylch o dân.

Pan welson nhw'r argyfwng roedden nhw ynddo, neidiodd pawb at y bwlch gan redeg mor gyflym ag oedd modd wrth dagu a pheswch a baglu dros y twmpathau. Llithrodd Idwal Celwydd Golau din dros ei ben a chodwyd ef yn ôl ar ei draed gan y ddau bob ochr iddo fe cyn ei fod e wedi cyrraedd y llawr. Ond y tân oedd yn ennill. O flaen eu llygaid roedd y bwlch yn cau, a'r fflamau, fel petaen nhw'n ysu am ysglyfaeth, yn codi'n gryfach ac yn fwy lliwgar o hyd i'w bygwth.

A'r eiliad honno, pan oedd y rhai gwannaf yn brwydro am anadl ac yn disgyn, a'r lleill yn digalonni wrth ymdrechu i'w codi a dal i redeg, o'r wybren las ddigwmwl, daeth cawod o law. Doedd y gawod ddim yn ddigon trwm i ddiffodd y tân, roedd hwnnw fel bwystfil llawn nerth, ond parodd iddo ildio rhywfaint a marw ddigon i ganiatáu i'r dynion gyrraedd y bwlch a dianc yn ddianaf drwyddo.

Doedd dim dadlau na chawson nhw fraw ond, gan ddiolch eu bod nhw'n ddiogel, ailgychwynasant ar y frwydr, yn fwy gwyliadwrus y tro hwn, er iddyn nhw weithio gyda'r un arddeliad. Yn y diwedd, diffoddwyd y tân a sythodd pawb ei gefn, chwerthin yn wannaidd ar wynebau duon ei gilydd a throi yn flinedig sha thre. Roedd y gwragedd wedi rhagweld yr angen am fath ac wedi twymo'r dŵr yn barod.

Yng nghegin fach Mam-gu, plygai Dad-cu dros y twba gan sgwrio'i gorff a thuthiai Mam-gu yn ôl a 'mlaen i estyn sebon a chlwtyn a lliain sychu a sgwrsio'n frwd yr un pryd.

'Ca'l a cha'l oedd hi,' meddai Dad-cu, 'a heblaw am y gawod fach honno, rwy'n ame a fydden ni wedi llwyddo. Roedd pethe'n edrych yn ddu iawn am 'chydig . . .'

'Cawod? Pa gawod?' gofynnodd Mam-gu'n syn. 'Chawson ni ddim cawod heddiw 'ma. Edrycha ar yr ardd. Mae'r pridd yn sych heb wlychu dim . . .'

Tro Dad-cu oedd hi i ryfeddu.

Mae'n debyg i'r un sgwrs gael ei thraddodi ymhob un o'r tai ac ar ôl holi a chymharu ymhlith ei gilydd, cafwyd mai dim ond ar y comin y disgynnodd y glaw; dim ond yn y lle'r oedd ei angen fwya.

Cyd-ddigwyddiad lwcus, meddai rhai, gan ochneidio o ryddhad. Gwyrth, meddai Mam-gu, a diolch i Dduw.

Y Bont Siglo

Un o bant oedd tad Dad-cu; un o ardal Llanymddyfri yn yr hen Sir Gâr. Pan agorwyd gwaith glo Berthlwyd daeth i'r pentre, fel llawer un arall o'r wlad â'i fryd ar wella'i fyd yn ardal y 'gwithe'. Dyn dibriod oedd e, ac am rai blynyddoedd cyn hynny bu'n dilyn crefft y teiliwr, neu'n 'chwipio'r gath' fel y'i disgrifiwyd hi ar dafod leferydd.

Yr arfer bryd hynny oedd i deiliwr deithio o fan i fan gan aros mewn lle canolog, ffermdy neu dafarn, am ychydig ddyddiau neu ambell waith ychydig wythnosau, ac i bawb yn yr ardal oedd â gwaith iddo ddod yno i gael eu mesur am ddillad. Arhosai yno nes gorffen y gwaith. Yn llanc ifanc felly, treuliodd lawer o'i amser oddi cartre. Ond byddai'n gwneud ei orau glas i fynd adre er mwyn cael bwrw'r Sul gyda'r teulu.

Un nos Sadwrn yn Nhachwedd a'r dydd wedi hen dynnu'i draed ato a'r glaw'n disgyn fel o grwc, prysurai tuag at y bont siglo a groesai'r afon yn uwch i fyny na'r bont garreg gan fod y bont siglo'n fwy cyfleus i deuluoedd y llethrau uchel. Roedd y llwybr a ddilynai lan yr afon yn llithrig ac yntau'n gorfod gofalu sut yr âi rhag ofn iddo lithro i bwll o ddŵr neu i ganol y mwd a'r stecs. Wrth gwrs, doedd dim enaid byw, heblaw amdano fe, druan bach, allan yn cerdded ar shwd dywydd gan fod mwy o flas ar dân nag ar law a hwnnw'n drwm ac yn oer a hithau'n nos.

Plygai bron yn ddau ddwbwl yn erbyn y storm, ond wedi cyrraedd brig y tyle, cododd ei ben i gael golwg ar y bont oedd yn crogi'n ddu uwchben y llif. Roedd yn dda ganddo'i gweld hi oherwydd chwarter milltir byr oedd o'r bont i'r tŷ a chroeso swper a thân. Ceisiodd ddyfalu beth a gâi gan ei fam i'w gynhesu—cawl erfin fyddai'n dda . . .

Er syndod iddo, wedi iddo nesu at y bont gwelodd fod rhywrai arni. Safodd yn ei unfan a chraffu drwy'r gwyll a'r glaw a gweld taw angladd oedd yn croesi ac yn dod tuag ato. Roedd yn rhy dywyll iddo 'nabod neb, ond cyfrodd chwech o ddynion yn cario elor ar eu hysgwyddau a rhes o alarwyr yn dilyn. Doedd hi ddim yn angladd fawr ond yn eitha parchus. Allai e ddim dirnad pam roedden nhw'n claddu mor hwyr y nos, ond safodd o'r naill du gan ddisgwyl iddyn nhw ddod ar hyd y llwybr a heibio iddo er mwyn mynd i'r fynwent lawr yn y pentre. Ond wedi croesi'r bont, diflannodd yr angladd—yr elor, y cludwyr a'r galarwyr i gyd.

'Od iawn,' meddyliodd, 'cymryd llwybr tarw drwy'r cae ar noson fel hon . . . Pam 'sgwn i?' Ond theimlodd e ddim ofn. Roedd yr orymdaith yn rhy dawel a defosiynol i'w gynhyrfu.

Aeth yn ei flaen a chyn hir roedd e wedi cyrraedd adre a chroeso'r teulu a gwres y gegin yn gwneud iawn am y siwrne ddiflas.

Ar hanner ei swper o gawl pen mochyn a chennin, soniodd am yr angladd a welsai yn croesi'r bont siglo. Edrych arno'n amheus wnaeth ei dad a'i fam a'r plant llai.

'Sdim neb wedi marw'r ochor yma i'r afon fel i mi wybod,' meddai'i fam. 'A phe bai 'na angladd, dros y bont garreg ymhellach i lawr yr âi e . . .'

'Dyna fyddwn i'n ei feddwl hefyd,' meddai, 'a dyna pam i mi synnu cymaint.'

'Dychmygu roeddet ti 'ngwas i,' meddai hi, 'wedi blino ar ôl cerdded yr holl ffordd o Wynfe a'r hen gaddug yn chware tricie arnot ti.'

'Falle wir,' cytunodd a bwrw i'r cawl. Yn sych a chysurus yng ngolau'r gegin, ymddangosai pob cam o'i siwrne'n bell ac afreal . . .

Ben bore Llun a'r glaw'n dal i dywallt, bant ag e eto a'i bac ar ei gefn i Landeilo'r tro hwn, lle'r oedd merch i ffarmwr cefnog yn priodi a galw arno i wneud siwt yr un i'r tad ac i'r ddau frawd. Byddai'r merched yn mynd ymhellach am eu dillad ar achlysur mor arbennig â phriodas, er mwyn sicrhau steil.

Cafodd gymaint o waith yn Llandeilo fel iddo ffaelu'n deg â mynd sha thre'r penwythnos dilynol, felly pan ddaeth ei gyfle'r Sadwrn wedyn camai'n sionc a bywiog.

Roedd croeso'i fam yr un mor gynnes ag arfer, ond synhwyrai ryw chwithdod ynddi a gofynnodd iddi beth oedd o'i le.

Eisteddodd hi wrth y ford ac edrych yn ddifrifol arno. 'Ephraim Ifans, Esgair Ucha, fu farw ddydd Llun diwetha,' meddai, gan gyfeirio at gymydog oedd yn byw yn uwch i fyny na nhw ar yr un ochr i'r afon.

'Yr hen greadur,' cydymdeimlodd, 'ond roedd e wedi cyrraedd oedran teg.'

'Oedd, oedd,' cytunodd ei fam, 'dim ond mis oedd e'n brin o'i bedwar ugen . . . Ond dyma sy'n od. Rwyt ti 'di clywed debyg fod y llifogydd a ddaeth gyda'r glaw mawr 'ny 'thefnos yn ôl, wedi tanseilio pyst y bont garreg a bod hanner y bont wedi'i chario bant gyda'r llif . . .'

'Na, chlywes i ddim,' meddai, 'dros y bont siglo fydda i'n dod bob tro . . .'

'Ie, rwy i'n gwybod 'ny,' meddai'i fam, 'a thros y bont siglo yr aeth angladd Ephraim Ifans hefyd . . . ac fe welest di e wythnos lawn cyn i'r hen frawd drengi . . . Beth welest ti oedd y toili . . .'

'Ie,' atebodd, wedi colli'i liw i gyd, 'fe weles i e, mor glir ag y gwela i chi . . .'

Wyddai Dad-cu ddim ai gweld y ddrychiolaeth a barodd i'w dad droi ei gefn ar ei grefft a 'madael â'i hen ardal, ond cyn pen chwe mis wedi hynny, roedd wedi rhoi'i siswrn, ei edau a'i nodwyddau i gadw ac wedi symud o Sir Gâr i chwilio am lety ym Mhengelli.

Y Dyn Dieithr

Tua chan mlynedd yn ôl, yn wythdegau'r ganrif ddiwetha, roedd tlodi mawr yn y pentre gan fod gwaith glo Berthlwyd wedi cau a doedd dim llawer o waith i'w gael ar y ffermydd heblaw am adeg cynhaeaf neu blannu a chodi tato, a gweithio am eu bwyd fyddai pobl bryd hynny yn hytrach nag am arian. Doedd dim arian i'w gael. Cerddai rhai, a fu'n ddigon lwcus i gael eu cyflogi, i'r ffowndri yng Ngorseinon neu un o'r gweithiau tun ym Mhontarddulais, ond bychan oedd y cyflog yno ac roedd teuluoedd yn fawr. Ymfudodd sawl teulu a llawer o lanciau ifainc dibriod i Unol Daleithiau'r Amerig mewn gobaith ennill ffortiwn yng Ngwlad yr Addewid. Un ohonyn nhw oedd Gronw, brawd hyna Mam-gu.

Y noson cyn i Gronw hwylio, cynhaliwyd cyfarfod ffarwelio yn y capel. Gweddïodd y diaconiaid, un ar ôl y llall ar i Dduw gadw'r 'brawd ifanc' yn ddiogel ar y llwybr cul. Ac ameniodd y gwrandawyr yn ddwys. Darllenodd Tom Tomos, y bardd lleol, benillion a gyfansoddodd yn arbennig i ddymuno llwyddiant iddo. Cafodd anrheg gan aelodau'r Ysgol Sul, wats mewn cas pres a'i enw wedi'i sgythru ar y cefn mewn sgrifen hardd, 'Gronw Ifans gan ei ffrindiau. 1881. Ffarwél'. Gwnaeth yr anrheg argraff fawr arno ac roedd yn anodd ganddo ddod dros haelioni pobl oedd yn brin o angenrheidiau yn hel arian i'w anrhegu e.

'Fe'i cadwaf tra bydda i byw,' addawodd yn ddwys, a'i lygaid yn llaith. Erbyn y bore wedyn roedd wedi adennill ei sioncrwydd a chododd cyn toriad gwawr, a ma's ag e at y gât a'i focs dan ei fraich a'i wats yn ei boced i ddisgwyl am gart Isaac Wmffres i fynd ag e mor bell â dociau Abertawe. Mynd i gyfarfod â'r llongau pysgota'n glanio oedd Isaac. Roedd y pysgod a brynai'n rhad oddi ar y llongau bob bore Gwener yn dderbyniol iawn ar fordydd cinio'r pentre.

Doedd gan Gronw ddim llawer o arian, ond roedd e'n ffyddiog y câi gyfle i weithio ar fwrdd llong i dalu am ei fordaith i'r wlad bell gan ei fod e'n ifanc ac yn gryf ac yn gyfarwydd â gwaith.

Yr olwg olaf a gafodd Mam-gu o'i brawd oedd ei gefn yn dringo i'r cart yng ngwyll llwyd y bore a chaseg winau Isaac yn sefyll yn hamddenol iddo.

Doedd fawr o sgrifennu llythyrau yn y dyddiau hynny a chlywodd neb ddim am Gronw am flynyddoedd lawer, ac er eu bod nhw'n siarad amdano bron bob dydd ar y dechrau, ymhen amser llithrodd ei enw allan o'r sgwrs, yn enwedig wedi i'w rieni farw, ond anghofiwyd mohono chwaith.

Tyfodd Mam-gu a mynd i wasanaethu yn y Persondy ac ar ôl nifer o flynyddoedd, priododd â Dad-cu a dechrau magu teulu. Un diwrnod pan oedd Wncwl Dan yn fabi a chyn i'r un o'r plant eraill gael eu geni, galwodd dyn ifanc heibio i'r tŷ i ddweud iddo fod ar ymweliad â'r Unol Daleithiau ac iddo gwrdd â Gronw mewn dinas o'r enw Scranton, lle'r oedd ganddo swydd gyfrifol mewn gwaith glo. Roedd yn briod a phedwar o blant gydag ef a'i wraig, tair merch a mab. Roedd yn ŵr parchus iawn yn ei gymdeithas ac yn ddiacon yng nghapel Cymraeg Scranton. Roedd yn dda gan Mam-gu glywed y fath newydd da am ei brawd, a chollodd ddeigryn neu ddau pan aeth y gŵr ifanc yn ei flaen i ddweud fel oedd Gronw, ynghanol ei

70

hapusrwydd, yn teimlo hiraeth mawr am yr hen gartre. Ei freuddwyd a'i obaith oedd iddo lwyddo i gasglu digon o arian ynghyd i allu dod adre am wyliau i'w gweld nhw i gyd, ryw ddiwrnod.

Ac yntau wedi dod â'r fath newyddion, derbyniodd y gŵr ifanc groeso teilwng ac roedd yn amlwg iddo fwynhau'r ham cartre a ffriodd Mam-gu iddo gyda thipyn o dato o'r ardd.

Unwaith eto aeth y blynyddoedd heibio ac roedd Mam-gu'n brysur iawn gan iddi hi fagu pump o blant. Gronw oedd enw'r ail fachgen, o barch i'r wncwl aeth draw i'r Amerig.

Un diwrnod, flwyddyn neu ddwy cyn y Rhyfel Byd Cyntaf, chwaraeai tri o'r plant yn y clos wrth ochr y tŷ a Gronw'n un ohonyn nhw. Gadawsant y chwarae a rhedeg at y gât pan welsant gar mawr du yn teithio'n araf lawr dros y llwybr tuag atyn nhw. Peth anarferol iawn oedd gweld car ym Mhengelli'r dyddiau hynny ac am sawl blwyddyn wedyn. Ceffyl a chart neu gerdded i bobman oedd yr arfer. Dim syndod felly i'r plant redeg i weld pwy oedd yr ymwelydd a deithiai yn y fath steil.

'Wedi colli'i ffordd mae e ac yn chwilio am gyfeiriad siŵr o fod,' amcanodd Meri, tra syllai Gronw ar y sglein ar fonet y car a'i lygaid yn fawr.

Wedi i'r car aros, y gyrrwr mewn cap a phig sgleiniog iddo a chôt o botymau pres, a ddaeth ma's yn gynta. Prysurodd at ddrws ei basenjar a'i agor er mwyn i ddyn bach byr, tenau, moel a gwyn gamu i'r golwg. Gwisgai het gantel lydan a siwt olau.

Safodd yn craffu o'i amgylch am eiliad neu ddwy cyn amneidio ar y plant. Roedd tipyn bach o ofn arnyn nhw a thynnu'n ôl wnaeth Meri a Dan, ond nid felly Gronw.

Dim ond chwe blwydd oed oedd e, heb fod yn ddigon hen i fod ag ofn neb, a chrwt beiddgar oedd e ar y gorau ac nid bob dydd y câi gyfle i siarad â rhywun a deithiai mewn car mawr swanc.

Fe'i syfrdanwyd pan ofynnodd y dieithryn iddo a oedd teulu Ifans yn dal i fyw yn Llwynbersen . . .

Oedd, roedd Gronw, brawd Mam-gu wedi gwireddu'i freuddwyd ac wedi dychwelyd o'r Amerig ar ôl yr holl flynyddoedd! Wel, sôn am ddathlu—er fod 'na beth tristwch hefyd ac aeth am dro i'r fynwent ar ei ben ei hun i gael golwg ar fedd ei rieni . . .

Anghofiai Mam-gu fyth mo'r wythnos honno. Ar ymweliad yn unig yr oedd Gronw ac nid fe oedd biau'r car, tacsi a logodd yn y porthladd oedd e, ac roedd wedi ei logi am yr wythnos gyfan. Er fod digon o arian ganddo, fynnai e ddim mynd i aros mewn gwesty na thafarn, ond yn hytrach aros yn yr hen gartre a chofio'i blentyndod. Doedd dim ots o gwbl 'dag e rannu llofft a gwely Gronw bach. Cymerodd ffansi at Gronw ac er iddo gymryd y teulu cyfan ar dripiau yn y car i lan y môr ac i'r wlad sha Llanwrtyd, âi hefyd i grwydro'r llwybrau a'r caeau o gwmpas y pentre, a Gronw bach fyddai'n gwmni iddo bob tro bryd hynny.

Roedd e'n ddyn hawdd gwneud ag e yn y tŷ; yn bwyta fawr ddim ond yn canmol hynny a gâi, yr arlwy symla. Roedd e'n dwlu ar bastai riwbob ei chwaer, yn dweud ei bod hi wedi etifeddu llaw eu mam i wneud crwst ac yn mynnu nad oedd riwbob tebyg ei flas i'w gael drwy holl daleithiau'r Amerig; yn felys ond yn siarp ar yr un pryd.

Roedd Gronw bach wrth ei fodd yng nghwmni'i wncwl. Châi e ddim troi heb iddo'i ddilyn.

72

Fel roedd mwya'r trueni, daeth yr wythnos i ben. Nos Wener safodd y tacsi yn y clos am y tro ola ac ar ei ben ei hun y dringodd Gronw iddo'r noson honno. Unwaith eto, collwyd dagrau wrth ffarwelio. Ond y tro hwn fe gyflwynodd anrhegion cyn mynd, rhywbeth i bawb; hyd o frethyn i'w chwaer am ei chroeso, hanner pwys o faco i Sam, ei frawd-yng-nghyfraith, rubanau i'r ddwy ferch a *nougat* mawr i'r pedwar plentyn oedd yn ddigon hen i'w gnoi. Yn ei grud yr oedd Iorwerth bryd hynny. Heblaw'r melysyn, derbyniodd Gronw anrheg arbennig iawn iawn ganddo.

'Gan i ti gael d'enwi ar f'ôl i,' meddai, 'rwy i'n rhoi hon i ti.'

Estynnodd wats hardd o boced ei wasgod a'i rhoi ar y ford. Y wats a gafodd e'n anrheg y noson cyn iddo 'madael â'r pentre yr holl flynyddoedd hynny gynt!

'Ow . . .' meddai pawb, wedi'u syfrdanu, heblaw am Gronw bach. Derbyniodd e'r anrheg fel y peth mwya naturiol yn y byd a'i osgo'n awgrymu'n gryf fod llawn cystal gydag e'r *nougat*.

Trodd ei wncwl y wats ar ei hwyneb ac ar y cefn roedd y geiriau—'Gronw Ifans gan ei ffrindiau. 1881. Ffarwél'.

'A dyma fi'n ffarwelio,' meddai, 'am byth y tro 'ma.'

Heb ragor o oedi aeth am y tacsi a bant ag e. Roedd Gronw bach a'i ddannedd yn y *nougat* cyn i'r tacsi gyrraedd pen tyle'r fynwent a Mam-gu wedi rhoi'r wats i gadw, '. . . nes dy fod ti'n ddigon hen i'w gwerthfawrogi ac i edrych ar ei hôl hi.'

Ganol mis Medi daeth y llythyr o'r Amerig. Mae Mam-gu'n cofio iawn oherwydd roedd ei phen-blwydd ddiwedd y mis, ac o lygadu'r stamp roedd hi'n rhyw hanner gobeithio fod ei brawd wedi cofio ac anfon cerdyn iddi.

Ei siomi gafodd hi. Nid Gronw a anfonodd y llythyr ond Naomi, un o'i ferched, a'r newydd oedd fod Gronw wedi marw.

Darllenodd Mam-gu'r llythyr yn uchel i bawb gael clywed ei neges anhygoel. 'Er ei fod yn ddyn iach ac yn gymharol ifanc, cydiodd yr inffliwensa'n drwm ynddo a bu rhwng deufyd am ddyddiau. Yng ngafael y dwymyn,' meddai Naomi, 'bu'n crwydro siarad a chyfeiriodd yn aml at yr hen wlad a'r hen gartre. Gobeithiai ar hyd y blynyddoedd gael trefnu ymweliad ond doedd hynny ddim i fod . . . Fe'i claddwyd ym mynwent y ddinas ar yr 20fed o Fai . . . '

Roedd y teulu i gyd o gwmpas y ford yn gwrando a phan ddarllenodd Mam-gu'r hanes ac yna'r dyddiad, cawsant fraw.

'Roedd e yma ddiwedd mis Mai,' meddai Meri.

'Oedd,' cytunodd ei mam, 'rych chi'n cofio fel oedd e'n dwlu ar bastai riwbob a doedd y riwbob ddim yn barod i'w dynnu cyn diwedd Mai . . . '

'Falle taw rhywun arall oedd y gŵr ddaeth yma, yn cymryd arno taw Gronw oedd e,' awgrymodd Sam yn ddoeth, er ei fod e wedi cael siegiad cas hefyd, ond doedd e ddim am ddangos i'r merched.

Estynnodd Mam-gu'r wats o'r drôr bach yn ochr y seld, lle cedwid trysorau mwya gwerthfawr y teulu. Rhoddodd hi ar y ford a'i hwyneb i lawr fel bod pawb yn gallu darllen y cefn. 'Gronw Ifans gan ei ffrindiau. 1881. Ffarwél.'

'Falle wir,' meddai. 'Ond shwd gafodd dyn dieithr afel ar hon 'te?'

Mae'r dirgelwch yn dal heb ei ddatrys er fod Gronw bach yn hen ddyn erbyn hyn, ond mae'r wats yn dal gydag e, yn un o greiriau'r teulu.

Gwely am y Nos

Un min nos hyfryd ym mis Medi a'r haul yn machlud yn belen goch dros fae Abertawe, stopiodd teithiwr blinedig ei gar o flaen Tafarn y Trap ar yr hen ffordd a groesai gomin Felindre. Cawsai ddiwrnod hir yn dadlau a bargeinio gyda gwŷr busnes craff y dre ac roedd yn barod am sbel fach. Felly pan welodd y dafarn a cherrig ei waliau'n goch yn yr haul a'i ffenestri bychain yn wincio'u croeso iddo, doedd dim amdani ond aros, neidio o'r car a mynd i mewn.

Cafodd groeso teilwng gan Eben Huws, y tafarnwr, a phryd o fwyd cystal â dim a brofodd yn unlle. Erbyn iddo orffen ei bwdin roedd 'na gwmni yn y bar i'w ddifyrru: cwsmeriaid arferol Eben a gerddai yno o Langyfelach neu o Bontlliw gan fod blas da ar gwrw'r Trap a'r ffyddloniaid yn honni ei fod e werth pob cam o'r daith.

Ymlaciodd y teithiwr yn eu plith ac o beint i beint a stori i stori aeth yr oriau heibio'n gyflym. Erbyn iddo ddechrau ystyried mynd yn ei flaen, aeth yn hwyr glas arno a phenderfynodd na allai wneud dim gwell nag aros y nos yn y Trap. Tynnodd sylw Eben a gofyn am stafell a gwely. Doedd e ddim yn disgwyl unrhyw anhawster ac fe synnodd pan welodd wep radlon y tafarnwr yn cwympo.

'Mae'n flin iawn 'da fi, syr,' eglurodd Eben, 'ond does 'da fi 'run stafell yn wag. Tair stafell wely sydd yn y tŷ i gyd ac mae 'ngwraig a fi yn rhannu un, ac fel mae, gwaetha'r lwc, mae fy mam-yng-nghyfraith yn aros gyda ni ac yn hawlio'r llall.'

'Ond beth am y drydedd?' gofynnodd y teithiwr.

'O, fydda i ddim byth yn gosod honno i neb, syr,' atebodd Eben a gostwng ei lais cyn egluro, 'mae 'na hanes drwg iddi . . .'

'Hanes drwg?' rhyfeddai'r teithiwr. 'Beth yw'r hanes? Eglurwch ddyn.'

Cipiodd Eben olwg nerfus dros ei ysgwydd cyn mentro, 'Maen nhw'n dweud bod ysbryd rhyw ledi lwyd yn aflonyddu ar y sawl sy'n cysgu yno.'

Chwarddodd y teithiwr lond ei fola. 'Chlywes i 'rioed y fath ddwli, naddo wir,' wfftiai, 'ysbryd ledi lwyd . . .'

Pan glywodd rhai o'r cwmni lais y teithiwr yn codi a'r wfftio dirmygus ar yr ysbryd, roedden nhw'n gwybod beth oedd dan sylw a dyma nhw'n closio at y bar ac yn cyfrannu at y sgwrs.

'Ddyn ifanc,' meddai Isaac Wmffres, 'Rhewl, 'mae 'na rai pethe hyd yn oed yn y dyddie hyn 'thâl hi ddim ymyrryd â nhw ac mae ysbryd y Trap yn un ohonyn nhw.'

'Odi,' cytunodd Eben yn falch o gael cefnogaeth. Ac yna, gan na ddymunai ymddangos yn ddi-hid a'r teithiwr hefyd wedi hala tipyn o arian dros y cownter, 'pam nad ewch chi yn 'ych bla'n i'r Bont? Fe gewch stafell ddigon da i dywysog yn Yr Ysgub yno. Ac yn rhesymol ei phris hefyd.'

Roedd y teithiwr wedi gwneud cyfiawnder â chwrw da'r Trap a doedd e ddim yn siŵr iawn a oedd yn atebol i yrru 'mlaen i'r Bont. Heblaw am hynny, roedd e wrth ei fodd man lle'r oedd e ac yn teimlo'n gartrefol iawn ynghanol y cwmni, a doedd e ddim yn gweld pam y dylai symud ei le o achos hen ofergoel.

'Welest ti'r ysbryd erio'd?' gofynnodd i Eben.

'Fi? Naddo fi,' atebodd hwnnw gan ymgroesi rhag y fath brofiad. 'Af i ddim yn agos at y stafell honna wedi bo nos.'

'Shwd wyt ti mor siŵr fod y ledi lwyd yno, felly?' oedd y cwestiwn nesa.

'O, mae hi yno, reit i wala,' cytunodd y cwmni'n unfryd.

Trodd y teithiwr i'w hwynebu. 'Welodd un ohonoch chi'r ledi?' gofynnodd i bawb.

'Naddo ni. Byddwn ni'n troi sha thre cyn orie witsio.'

'Rwy i'n gofyn 'to, shwd ŷch chi mor siŵr ei bod hi yno?'

Mynnai gael ateb, ac yn swil cyffesodd Eben taw'r tafarnwr o'i flaen e oedd wedi'i rybuddio yn erbyn yr ysbryd. 'A fydde fe ddim wedi 'nghamarwain i.'

'Welodd e'r ysbryd erio'd?'

'Smo fi'n gwbod. Wnes i ddim gofyn. Ond roedd e'n siarad fel 'tai e'n siŵr o'i bethe.'

'Siarad . . . siarad . . . dim ond gwynt yn chwythu drwy ddannedd yw siarad. Fentra i ddim troed o'r lle 'ma o achos siarad neb . . . Dafarnwr,' meddai a'r cwrw'n estyn awdurdod i'w lais, 'rwy i'n deithiwr blinedig ac mae 'da ti stafell wag. Yn ôl dy drwydded, mae'n rhaid i ti ei gosod i mi os odw i'n gofyn amdani ac rwy i'n gofyn.'

'Mae e'n reit i wala,' cytunodd sawl un o blith y gwrandawyr, 'mae'n rhaid i dafarnwr roi lle i deithiwr sy'n dymuno hynny neu mae'n beryg iddo golli'i drwydded.'

'Dim ond os bydd y teithiwr yn digwydd troi'n lletchwith,' awgrymodd Owen Shincyn yn gymodlon.

Ond doedd dim tuedd cymodi yn y teithiwr. 'Rwy i'n troi'n lletchwith,' meddai'n bendant.

Doedd dim amdani felly. Roedd Eben wedi cadw'r Trap ers dwy flynedd a phymtheg ar hugain. Doedd e ddim am beryglu'i drwydded er mwyn neb na dim.

'Wel, syr,' meddai, 'mae'r cwmni yma'n dyst fy mod i

wedi'ch rhybuddio chi'n deg, ac felly fydd dim bai arna i os digwydd rhyw aflwydd i chi.'

'Rwy i'n ddigon abal i ofalu amdana i fy hun,' meddai'r teithiwr yn ffroenuchel.

Ond roedd Eben yn mynd yn ei flaen fel pe bai heb glywed. 'Ar ben hynny, wna i ddim codi arnoch chi am gysgu yma. A chan nad yw'r stafell wedi'i pharatoi ar eich cyfer, fe af i ofyn i'r wraig fynd i daenu'r gwely. Pryd fyddwch chi am fynd i gadw?'

'Ymhen yr awr,' meddai'r teithiwr, er ei fod e'n petruso tipyn bach wedi deall na fynnai Eben dâl am osod y stafell. Roedd hynny'n awgrymu'n gryf bod rhywbeth difrifol o'i le arni, ond teimlai'n ffyddiog nad ysbryd oedd y peth hwnnw . . .

Aeth Eben i'r gegin i ddweud wrth ei wraig a phan ddaeth yn ei ôl, 'Fe fydd hi'n barod i chi,' meddai wrth y teithiwr, 'ymhen yr awr yn ôl eich dymuniad.'

'Ara bach,' meddai hwnnw,' wedi cael amser i feddwl a phwyllo, 'Mae 'na un neu ddau o bethe hoffwn fod yn sicr ohonyn nhw cyn mentro . . .'

'Wel . . .?'

'Rwy i am archwilio'r stafell cyn paratoi at fynd i'r gwely rhag ofn dy fod ti'n chware tric gyda rhyw sŵn arallfydol ar gramaffon neu falle fod 'na ddrafft oer yn chwythu drwy ryw agen na wyddost ti ddim amdani . . .'

'Fe alla i'ch sicrhau chi, syr,' atebodd Eben yn ddifrifol, 'does dim byd fel'na. Ond gan eich bod yn ame, awn i fyny gyda'n gilydd unwaith y bydd y wraig wedi cwpla. Fydd hi ddim yn hir. A chyda'ch caniatâd caredig, caiff pawb o'r cwmni sy am wneud, ddod gyda ni fel tystion.'

'Iawn,' cytunodd y teithiwr, a galw am beint arall i fwrw'r amser.

Wedi i'r teithiwr orffen ei beint, barnodd Eben fod y stafell yn barod i'w harchwilio. Goleuodd lamp fach olew gan egluro nad oedd trydan yn yr hen ddarn o'r dafarn ac arwain y ffordd. Aeth amser 'stop tap' heibio ac felly gan fod pawb yn chwilfrydig iawn ynglŷn â'r stafell, wedi clywed amdani ond heb ei gweld erioed, dilynodd y cwmni Eben a'i westai i fyny'r hen risiau cam ac i ben coridor cul ac isel at y stafell uwchben yr hen stablau a oedd dan yr un to â'r tŷ.

'Fe fyddwch ar eich pen eich hun fan hyn,' meddai Eben. 'Mae'r ddwy stafell arall ym mlaen y tŷ.'

'Smo hynny'n poeni dim arna i,' meddai'r teithiwr. 'Dere i mi weld y lle.'

Agorodd Eben y drws a chan mai ef oedd y tafarnwr aeth i mewn yn gynta, gan roi'r lamp ar y ford fach wrth erchwyn y gwely. Dilynodd y teithiwr ef, ac wedi edrych o'i gwmpas, ymddangosai'n fodlon ar yr hyn a welai. Roedd y stafell yn lân fel pin mewn papur. Roedd y cwrlid ar y gwely wedi'i droi'n ôl yn barod iddo a'r cynfasau'n wyn. Roedd cadair esmwyth yn y gornel, bord, drych dros y lle tân, cwpwrdd dillad a chadair galed. Ac oglau cŵyr lafant yn goglais ei drwyn.

Tra oedd deiliaid y bar yn hwpo a sgwto wrth y drws i gael gwell golwg ar beth oedd yn mynd ymlaen, chwiliodd y teithiwr dan y gwely, yn y cwpwrdd a thrwy ddreir y ford, ond chafodd e ddim hyd i unrhyw beth amheus, ac fe siomwyd y cwmni gan fod ambell un wedi disgwyl, yn hanner ofnus, y byddai'r ysbryd yn gwneud siew ohono'i hun er eu mwyn nhw.

'Wel,' meddai'r dyn dieithr wedi taro'i drwyn i bob cnwc a chornel, 'wela i ddim o'i le. Ac mae hi'n batrwm o lendid. Pwy sy'n glanhau?'

'O 'ngwraig i, syr. Bydd hi'n cymoni yma'r un fath â phob man arall . . . thâl hi ddim esgeuluso unrhyw ran o dŷ tafarn hyd yn oed os nad oes iws arno. Mae archwilwyr y bragdy'n drylwyr iawn . . .'

'Fy lwc i yw hynny,' meddai'r teithiwr â'i lygaid ar y gwely a oedd yn gyffyrddus iawn ei olwg, 'a nawr ffrindie, os gwelwch yn dda, rwy i wedi blino ac am fynd i gadw.'

Mae pobl Felindre yn enwog am eu cwrteisi a phan awgrymodd y teithiwr ei fod e am iddyn nhw fynd, ddadleuodd neb ond dymuno 'Nos da' iddo a throi'n ôl ar hyd y coridor ac i lawr i'r bar am ddropyn bach i'w cynhesu at y daith sha thre.

Ymestynnodd y teithiwr yn fodlon. Canmolai'i hun am lwyddo i gael y fath stafell ddymunol a hynny'n ddi-dâl. Wir, roedd rhai pobl yn ffôl. Tynnodd ei ddillad a'u plygu'n daclus a'u rhoi dros gefn y gadair galed. Tynnodd ei ddannedd gosod a'u rhoi ar y ford fach. Dringodd i'r gwely a diffodd y lamp.

Gwely plu oedd e a suddodd yn foethus i'w ganol a thynnu'r gwrthban dros ei ysgwydd. Ochneidiodd yn fodlon a pharatoi'i hun at gwsg. Ond gyda bod yr ochenaid yn dengyd dros ei dafod, teimlodd ddwy fraich oer yn gafael yn dynn am ei wasg. Gwaeddodd nerth ei lais ac ymdrechu i stryffaglu'n rhydd, ond roedd y breichiau'n gafael fel gefel ac allai e ddim symud. Roedd y waliau'n drwchus a'r stafell wedi'i hynysu oddi wrth weddill y tŷ, felly fyddai neb yn debyg o'i glywed yn gweiddi. Ond doedd dim waliau trwchus rhyngddo fe a'r peth oedd yn y gwely, a chafodd e ddim anhawster i glywed y llais isel a furmurai yn ei glust, 'Croeso 'nghariad del i. Ble buost ti c'yd cyn dod?'

Gan nad oedd gobaith ganddo ddianc, ymlaciodd a gwneud y gorau o'r gwaetha . . .

Y bore wedyn, Eben ei hun a gariodd jwg o ddŵr twym i'r stafell uwchben yr hen stabl er mwyn i'r teithiwr gael molchi a siafio cyn dod i lawr at ei frecwast. Doedd e ddim am ganiatáu i'w wraig wneud oherwydd ei fod e'n teimlo dipyn bach yn ofnus. Fynnai e ddim cyfadde, ond chysgodd e'r un winc drwy'r nos yn pryderu am y gŵr yn y stafell ym mhen pella'r coridor. Gan gymryd arno ei fod e'n awyddus i glywed shwd noson gafodd y teithiwr, cnociodd yn ysgafn ar y drws ac aros. Doedd dim ateb i'w gnoc cynta nac i'r ail. Trodd ei bryder yn fraw. Rhoddodd gic i'r drws i'w agor ac i mewn ag e i'r stafell a gweld . . .

. . . Olion bod rhywun wedi cysgu yn y gwely. Roedd y blancedi'n swp ar y llawr a'r cynfasau wedi crychu . . . Dillad y teithiwr wedi'u plygu'n daclus ar gefn y gadair . . . Ei ddannedd gosod yn brathu'r awyr ar y ford wrth yr erchwyn . . . Ond am y teithiwr ei hun, doedd dim golwg ohono; ddim hyd yn oed blewyn o'i wallt ar y glustog.

Brysiodd Eben at y ffenest ac edrych i lawr i iard y stabal. Roedd car y teithiwr yn dal yno, mor sgleiniog ag oedd y noson cynt, ond doedd neb wrth yr olwyn . . .

Awr yn hwyrach disgynnodd y plismyn fel haid o bicwn ar y Trap. Buon nhw'n holi pawb yn ddygn ac fe gymeron nhw'r car, y dillad a hyd yn oed y dannedd gosod bant gyda nhw. Ond er gwaetha'u hymdrechion diflino, chafodd neb gip ar y teithiwr yn fyw neu'n farw o'r diwrnod hwnnw hyd heddiw . . . er fod llawer o sôn wedi bod amdano, ar nosweithiau hirion haf pan lithrai'r haul yn goch i fae Abertawe a phan fyddai'r cwmni'n ddiddig ym mar y Trap.

82

Ci Strae

Gan i Mam-gu ddilyn cwrs o hyfforddiant i'w pharatoi at fod yn fydwraig ar ôl iddi hi briodi a magu'i phlant, arni hi y disgynnodd mantell Betsi'r Mynydd pan ddaeth dyddiau Betsi i ben. Roedd yn dda ei bod hi a Dad-cu'n hoffi cwmni oherwydd fod rhywun neu'i gilydd yn y gegin byth a beunydd yn gofyn cyngor, mo'yn eli a moddion neu'n sibrwd y byddai'i hangen hi yn y fan a'r fan o gwmpas rhyw ddyddiad arbennig. Gartre y genid y babis bron i gyd y dyddiau hynny ac fe ddaeth Mam-gu'n gyfarwydd iawn â cherdded y pentre a'r ffermydd yn y cyffiniau ar bob awr o'r dydd a'r nos, oherwydd yn eu hamser eu hunain y dôi babis i'r byd heb ofyn i neb a oedd yr awr yn gyfleus neu beidio.

Un fantais fawr yn perthyn i'r mynd a'r dod parhaus oedd fod Mam-gu a Dad-cu gyda'r cynta i gael gwybod am bob dim a ddigwyddai yn y cylch; pwy oedd yn caru'n ddirgel neu'n agored; pwy oedd ar fin priodi; pwy oedd wedi cwympo ma's yn ddiweddar; pwy oedd am symud tŷ; pwy oedd mewn dyled . . . y clecs i gyd.

A nhw oedd ymhlith y cynta i wybod pan ddôi pobl o bant i setlo yn yr ardal. Felly, roedd gan Mam-gu syniad da pwy oedd y gŵr ifanc dieithr a safai ar drothwy'r drws ffrynt un noson laith ddiwedd Tachwedd. Anaml iawn y byddai neb yn cnocio wrth y drws ffrynt nac yn sefyll nes cael ateb chwaith—cnoc fach yn y cefn, codi'r glicied a mewn i'r gegin gan weiddi, 'Shwd mae,' oedd yr arfer.

'Dewch i mewn,' gwahoddodd Mam-gu. 'Tyddyn Helyg, aie?'

'Ie,' atebodd yn swil, wrth i Mam-gu ei roi i eistedd yn ei chadair hi wrth y tân tra gwthiai hi at y plant ar y sgiw.

Doedd e ddim fel 'tai e am ei wneud ei hun yn gyffyrddus o gwbl. Eisteddai ar ymyl y gadair yn plethu a dadblethu'i ddwylo tra crwydrai'i lygaid o gwmpas y stafell heb aros ar ddim. Edrychai'r plant dan eu cuwch arno a dechreuodd Iorwerth bach, yr ienga ohonyn nhw, lefen a gwasgu'n dynn i ystlys ei fam. Gwenu ar ei nerfusrwydd yr oedd Mam-gu. Onid oedd hi wedi gweld ugeiniau o wŷr ifainc yn yr union gyflwr wrth alw heibio iddi hi?

Fel roedd hi wedi meddwl, dod i ofyn am ei gwasanaeth yr oedd e at ei wraig a oedd yn disgwyl eu babi cynta yn y gwanwyn. Nododd Mam-gu y manylion a gafodd ganddo yn ei chofrestr fawr ac addo galw heibio i'r wraig ifanc yn ystod y dyddiau nesa. Wedi cael ei haddewid, fe gododd y gŵr heb aros am sgwrs na dishgled o de i'w gynhesu, ond bant ag e fel 'tai cŵn Annwn yn ei gwrso.

'Roedd e'n ddigon diniwed,' mynnai Mam-gu, wrth fagu Iorwerth a cheisio'i dawelu.

'Fe fyddet ti'n barnu fod y diafol ei hun yn ddiniwed pe bai'i wraig e â gobaith magu,' meddai Dad-cu'n bigog, wedi'i siomi am na fynnai'r gŵr ifanc aros am sgwrs.

'Sgwn i o ble ddaethon nhw a beth ddaeth â nhw ffor'hyn? Smo nhw'n perthyn i neb fel rwy i'n deall. Ac roedd shwd dristwch yn ei lyged,' sylwodd Mam-gu. 'Mae 'na ryw drychineb ofnadw yn ei fywyd e, druan bach.'

Cyn i Dad-cu allu wfftio, clywyd sŵn traed cyfarwydd yn dod heibio i'r talcen a sioncodd, yn sicr o sgwrs gan yr ymwelydd yma.

'Wncwl Defi,' meddai Iorwerth, yn anghofio am ei ddagrau ac yn llithro lawr o arffed ei fam.

Agorwyd y drws. 'Shwd mae heno 'ma?' oedd cyfarchiad Wncwl Defi a chyn pen eiliad roedd y gegin yn ferw o siarad a hwyl. Ond nid galw ar hap roedd e chwaith. Roedd ganddo rybudd i'w roi.

'Eisie i ti fynd â Jac 'da ti pan fyddi di'n mynd ar dy rownds,' meddai wrth Mam-gu.

'Mynd â Jac? Pam?' holodd. Corgi Wncwl Defi oedd Jac ac un bach ffyrnig hefyd . . .

Eglurodd Wncwl Defi fod 'na gi mawr yn crwydro wedi nos a sawl un wedi'i weld e a chael braw.

'Nawr dy fod ti'n sôn, fe glywes i rywbeth amdano,' meddai Dad-cu'n bwyllog. 'Rhyw gysgod mawr o gi'n llechu dan glawdd y Fron . . .'

'Mae e'n neud mwy na llechu,' meddai Wncwl Defi, 'ma Morus y Fron wedi colli dafad, cath Siani Carreg Bo'th wedi diflannu a sawl iâr wedi mynd o glos y Wern . . .'

Chwarddodd Mam-gu. 'Ma cath Siani'n diflannu ryw ben i bob mis,' meddai, 'a smo ti'n meddwl, does bosib, y byddai unrhyw gi'n 'y nghamgymryd i am ddafad?'

'Smo fi'n meddwl dim,' meddai Defi, 'ond cer di â Jac gyda ti o hyn 'mla'n, yn enwedig wedi iddi dywyllu. Smo fe fowr o beth, ond fe godith ddigon o stŵr i ddychryn unrhyw greadur a thynnu sylw . . .'

'Ci strae yw'r un drwg?' gofynnodd Dad-cu, gan edrych ar Mam-gu'n ofidus. 'Neu un o gŵn y ffermydd wedi troi'n wyllt?'

'Strae mae'n debyg,' eglurodd Wncwl Defi, 'ond beth bynnag yw e, ma Morus y Fron am ei wa'd e—ac mae e'n cwmpasu'r caeau bob nos ar ôl iddi dywyllu a'i wn yn barod.'

'Sdim eisie i fi boeni 'te,' meddai Mam-gu'n hyderus, 'a Morus yn gwylied.'

'Cer di â Jac,' oedd ateb pendant Wncwl Defi.

Ar ôl iddo fynd, 'Wyt ti'n meddwl fod rhywbeth yn y peth?' gofynnodd Mam-gu i Dad-cu.

'Rwy i'n gwybod na fyddai Defi ddim yn dy rybuddio di heb achos,' meddai Dad-cu. 'Cer di â Jac 'da ti o hyn ma's.'

A chan ei bod hi'n wraig gall, fe wnaeth. A bob tro y câi alwad hwyr, tuthiai'r fflach fach felen wrth ei hochr hi, ond welodd hi na Jac gymaint â blewyn o gynffon y ci strae, er ei fod e'n dal i browlan a dafad arall wedi'i lladd a'i gadael ar y cae wedi hanner ei bwyta, a Morus wedi cynddeiriogi'n lân ac yn dal i gario'i wn.

Roedd hi'n tynnu at hanner nos ar noson leuad llawn mis Chwefror pan ddaeth cnoc ar ddrws y tŷ.

'Babi Gwen Tŷ Pen yn symud o'r diwedd,' meddai Mam-gu, wrth godi o'i gwely a mynd i lawr i ateb y gnoc.

Ond nid un o deulu Tŷ Pen oedd yno, ond y gŵr dieithr o Ddyddyn Helyg. Roedd yn fyr o wynt ac yn chwysu fel 'tai e wedi rhedeg yr holl ffordd o'r tyddyn ar y morfa dipyn o ffordd o'r pentre. Roedd Mam-gu'n synnu ei weld e oherwydd doedden nhw ddim yn disgwyl i'r babi gyrraedd am fis cyfan eto.

'Y wraig,' eglurodd yn wyllt, 'wedi ca'l damwain.'

'Fe ddo i gyda chi ar unwaith,' meddai Mam-gu, a'i wahodd i mewn i aros tra gwisgai yn frysiog amdani ac estyn am ei bag. Wedi iddi hi nôl Jac o'r cwb, bant â nhw heb golli dim amser.

Doedd Mam-gu ddim yn un i hamddena unrhyw bryd, ond y noson honno bu'n rhaid iddi hi drotian fel merlen fach er mwyn cadw i fyny â'r gŵr ifanc wrth ei hochr.

Roedden nhw yng ngolwg Tyddyn Helyg cyn iddi hi gael amser i lyncu'i phoeri. Cododd y gŵr glicied y drws ac arwain y ffordd i mewn gan fynd yn syth at ei wraig a orweddai ar wely pren yng nghornel y gegin. Camodd Mam-gu dros y trothwy a Jac yn tuthio'n ddiddig o'i hôl. Caeodd Mam-gu'r drws, a chyda hynny dyna Jac yn gwneud y sŵn mwya erchyll a glywodd neb yn eu byw. Edrychodd Mam-gu'n syn arno. Gwasgai'r ci bach yn dynn yn erbyn y drws dan grynu'n ddilywodraeth. Safai rhes o flew ar hyd asgwrn ei gefn fel pinnau syth; glafoeriai'n rhydd ac udo fel 'tai holl ysbrydion y fall yn troi o'i gwmpas.

'Be sy arnat ti'r ci dwl?' gofynnodd Mam-gu, wedi'i gwylltio ond yn methu â deall chwaith.

Doedd Jac erioed wedi ymddwyn fel hyn o'r blaen. Beth allai fod? Ond doedd ganddi hi ddim amser i wastraffu ar gi a ffitiach gwaith yn ei disgwyl ar draws y stafell.

'Ewch ag e ma's,' meddai wrth y gŵr. 'Does 'da fi ddim syniad be sy wedi dod drosto fe, ond dyw'r hen sŵn 'na'n gwneud dim daioni i neb fan hyn.'

Yn betrus, nesaodd y gŵr at Jac ond gyda'i fod e'n estyn ei law i afael ynddo, dyna Jac yn sgyrnygu'n ffyrnig gan ddatgelu dwy res o ddannedd main a golwg beryglus iawn arnyn nhw. Bu'n rhaid i Mam-gu fynd ag e ma's ei hun, wedi synnu gormod i'w gymhennu. Caeodd y drws arno a'i adael yn llefen yn dorcalonnus y tu allan. Yn crynu'i hun, gan fod ymddygiad Jac wedi rhoi siegiad iddi, tynnodd ei chôt yn frysiog, agor ei ffedog wen a throi at y claf. Wrth sylwi ar olion tlodi amlwg y pâr ifanc, anghofiodd am Jac a llenwodd ei chalon â thrueni drostyn nhw.

Gorweddai'r wraig dan recsyn o flanced yn rhynnu gan oerfel er gwaetha'r tân yn y grât. Diolchai Mam-gu wrth weld stêm yn codi o big y tegell mawr du ar y pentan fod y gŵr wedi bod yn ddigon hirben i ofalu am ddŵr twym . . .

Cymerodd y gŵr ifanc y gannwyll oddi ar y ford a'i dal uwchben ei wraig er mwyn i Mam-gu weld i'w thrin. Agorodd y claf ei llygaid pan ddisgleiriodd y golau ar ei hwyneb. Llosgent fel dau golsyn coch yn ei hwyneb ac ochneidiodd yn ddwys ond ddywedodd hi ddim. Trodd ei phen i edrych ar ei gŵr a phylodd y tân yn ei llygaid gan roi lle i ffydd a chariad ac ymddiriedaeth. Teimlodd Mam-gu ei chalon yn cynhesu tuag at y ddau. Tynnodd y flanced yn ôl er mwyn cael gwell golwg ar y wraig. A chael sioc ei bywyd. Roedd ysgwydd dde a bron y druan yn waed i gyd . . .

Doedd dim amser i holi, aeth Mam-gu ati ar unwaith i olchi'r gwaed i ffwrdd. Cafodd fod archoll fawr yn dal i waedu ym mhont yr ysgwydd. Wrth ymdrechu i atal y gwaed a glanhau'r clwyf, allai hi ddim llai na rhyfeddu. Dim ond un peth a allai fod wedi achosi'r fath glwyf— ergyd o wn. Ond doedd dim amser i ddyfalu. Bu wrthi'n brysur am sbel yn ymwybodol fod y driniaeth yn gwneud loes i'r ferch ar y gwely, ond ar ôl yr ochenaid gynta honno wnaeth hi ddim sŵn. Gorweddai yn hollol lonydd a thawel.

Wedi llwyddo i atal y gwaedu a rhwymo'r clwyf, gan wneud y wraig ifanc mor gysurus ag oedd yn bosib, trodd Mam-gu at y gŵr. 'Ergyd o wn,' meddai'n llym. 'Shwd ddigwyddodd y peth 'ma?' dechreuodd holi.

'Damwain,' torrodd e ar ei thraws a'i boen yn fyw ar ei wyneb, 'damwain erchyll.'

A dyna'r cyfan a gafodd hi ganddo. Fe gydiodd yn llaw ei wraig a'i dal yn dynn. Gwenodd hi arno ac anwyldeb y wên yn chwalu amheuon cas Mam-gu i gyd.

Wedi ailbacio'i bag a gwisgo'i chôt, 'Fe alwa i fory,' meddai, 'rhag ofn fod sioc y ddamwain wedi effeithio ar y babi a dim ond mis i fynd . . .'

'Na,' crefai'r gŵr, 'peidiwch. Rydych chi wedi bod yn garedig iawn. Fe fyddwn yn ddiolchgar i chi am byth, ond fydd dim angen i chi alw fory.'

Synnodd Mam-gu ei glywed e'n sôn fel'na a chan feddwl mai ofn ffaelu â thalu am ail ymweliad oedd e, 'Peidiwch â phryderu,' cysurodd e, 'cymwynas gymdogol fydd yr ymweliad.'

A thrwy'r cyfan, ynganodd y wraig 'run gair; dim ond dal i syllu ar ei gŵr, fel ci ffyddlon ar ei feistr. Allan â Mam-gu a throi am adre, gyda Jac yn dynn wrth ei sodlau, yn sionci'n rhyfedd gyda phob cam tua'r pentre. Wyddai hi ddim beth i'w feddwl. Amheuai fod achos i blismon yna pe bai 'na blismon yn y pentre. Ond am y tro allai hi wneud dim. Eto roedd hi'n benderfynol y byddai'n galw y diwrnod wedyn. Roedd y clwyf hwnnw'n ddwfn.

A'r prynhawn wedyn anelai unwaith eto at y tyddyn ar y morfa, ond wedi cyrraedd, cafodd fod y tŷ'n wag a'r pâr bach wedi dengyd. Cerddodd Mam-gu yn ôl sha'r pentre mewn penbleth ddyrys. Nid yn aml y dôi wyneb yn wyneb â dirgelwch fel hwn.

Ar ei ffordd, pwy welodd hi'n pwyso ar gât y cae nesa at y llwybr ond Morus y Fron, heb ei wn am y tro cynta ers wythnosau.

'Fydd dim angen i ti fynd â'r ci i dy ganlyn eto,' meddai e, gan gyfeirio at Jac oedd yn snwffian ym môn y clawdd, 'fe gefes i'r cythrel neithiwr.'

'Fe lwyddest ti i ddala'r ci sy 'di bod yn lladd dy ddefed di?' meddai Mam-gu. 'Wir, mae hynny'n newydd da.'

'Wel na,' cyffesodd Morus, 'ddalies i mohono fe, ond fe saethais e'n sgwâr yn ei ysgwydd a bant ag e, fel mellten lawr sha'r morfa. Ond aeth e ddim ymhell gelli fentro. Roedd 'na wa'd ymhobman ar hyd y gwair y bore 'ma. Daw'r corff i'r golwg cyn hir siawns, os na chaiff ei gario gyda'r afon . . . ond fydd 'na ddim mwy o ladd defed.'

Hanner y gwir ddywedodd Morus. Ddaeth y corff fyth i'r golwg ond cafodd y preiddiau lonydd a dyna oedd yn bwysig.

Bu'n rhaid i Mam-gu ddileu y manylion a nododd yn ei chofrestr am obaith geni yn Nhyddyn Helyg gan na ddaeth y pâr bach tawel fyth yn ôl. Ond anghofiodd hi ddim y tristwch a'r boen yn llygaid y gŵr ifanc na'r ffydd yn llygaid ei wraig wrth iddyn nhw syllu ar ei gilydd, mor ddiymadferth yn wyneb y ffawd erchyll a bwysai mor drwm arnyn nhw.